JN101232

Q&Aで読む

実務に役立つ

最新労働判例集

第一芙蓉法律事務所

弁護士 **木下潮音** 著

はしがき

　労働法を学び人事労務管理の実践に役立てるためには、労働判例の理解が必要です。繰り返し行われる法改正や雇用情勢の変化など、新しい人事労務管理上の課題が発生するたびに、重要な労働判例が生まれてきます。

　労働判例はそれぞれ個別事件の解決を示すものですから、当事者がどのような特徴のある企業・労働者又は労働組合であるのか、紛争の内容はどのような事実で、当事者がどのような主張を行ったのか、事件の内容を知ることが労働判例の意義を理解する前提になります。

　ただ、複雑な事件内容を追いかけながら長文の判例を読みこなすことはなかなか難しい作業です。そこで、本書では約10年間の裁判例から特徴的な事件を取り上げ、Q&Aの形式で要点をまとめてわかりやすい判例紹介を試みています。

　この中で読者が興味を持った判例がありましたら、是非、全文を読まれることをお勧めします。労働判例のガイドブックとして活用してください。

　2021年5月

　　　　　　　　　　　　　　　　　　　　　　　　　　　　　　木下 潮音

目　次

第1部

労働契約

コーセーアールイー事件

—————————— 平23・2・16　福岡高判

採用内々定は労働契約未成立だが
直前取消しは不法

　大学4年生が内定通知書の交付予定日の前々日に内々定を取り消された
ことから、内々定の取消しは違法で、債務不履行または不法行為に当たる
として、損害賠償を請求した事件。第1審判決は、不法行為と認めて、
85万円の損害賠償（慰謝料75万円、弁護士費用10万円）を命じました。
これを不服とした会社側が控訴した本件判決では、不法行為であることが
認められましたが「内々定は（中略）内定までの間、企業が新卒者をでき
るだけ囲い込んで、他の企業に流れることを防ごうとする事実上の活動の
域を出るものでない」として損害額を22万円（慰謝料20万円、弁護士
費用2万円）に減額しました。

Q1　どんな事件ですか

　Xは平成21年3月に大学を卒業する予定の学生で、平成20年春から翌年4月
の新卒入社のための就職活動を行っていました。Yはマンションの開発販売等
を主な事業とする株式会社で、平成21年の新卒入社者の採用活動を行っていま
した。XはYの採用面接等を受けてYから内々定の通知を受けました。平成20
年7月7日にはYの求めに従ってXがYに対し「入社承諾書」を提出しました。

また、YはXに同年10月2日に採用内定通知書を交付することとしており、X
はその交付日にYに赴くことをYに対して連絡していました。ところが、Yは
内定通知書交付日の2日前である同年9月30日にXに対し、内定通知書交付は
行わないことを通知しました（以下、「本件内々定取消し」といいます）。Xは
内定の2日前に本件内々定取消しをされたことに対して、本件内々定取消しは
違法であると主張して債務不履行または不法行為に基づく損害賠償合計115万
円（請求する損害の内訳：慰謝料100万円、就職活動費5万円、弁護士費用10万
円）の支払いを求めて提訴しました。

Q2 何が争点となったのでしょうか

　Xは内々定によって翌年4月からの始期付解約権留保付労働契約が成立し、
Yの本件内々定取消しは労働契約の一方的な解約に当たり、労働契約が履行さ
れなかったことを前提として慰謝料等の損害賠償請求が可能であると主張しま
した。Yは内々定によってはいまだ労働契約が成立したとは認められず、本件
内々定取消しには事業環境の急速な悪化などやむを得ない理由があり、信義則
に反するものではないと主張しました。

Q3 判決の具体的な内容はどうだったのですか

　Xの請求に対し、第1審の判決では本件内々定取消しはYのXに対する不法
行為に当たるとして85万円の損害賠償（慰謝料75万円、弁護士費用10万円）を
命じました。これに対し、本判決では本件内々定取消しは労働契約締結過程に
おける不法行為に当たるとしましたが、認定した損害額は22万円（慰謝料20万
円、弁護士費用2万円）に減額しました。

　本件内々定の性質については、労働契約が成立したと認められる内定とは明
らかに異なると認めました。内々定後、XとYとの接触状況は1回説明会が行
われたのみで、それ以外のいわゆる入社前教育は一切行われず、Yによって
Xの他社への就職活動の継続が制限されることもありませんでした。一般的に
も、実際に内々定を得た後も就職活動を継続して複数の企業から内々定のみな
らず内定を得る学生もいることがX、Yともに認識されていました。これらの
事実から、「内々定は、内定（労働契約に関する確定的な意思の合致があるこ

と）とは明らかにその性質を異にするものであって、内定までの間、企業が新卒者をできるだけ囲い込んで、他の企業に流れることを防ごうとする事実上の活動の域を出るものではない」と認めました。

　本件内々定取消しについては、「契約当事者は、契約締結のための交渉を開始した時点から信頼関係に立ち、契約締結という共同目的に向かって協力関係にあるから、契約締結に至る過程は契約上の信義則の適用を受けるものと解すべきである。かかる法理は労働契約締結過程においても異ならない」と述べたうえで、内定直前である2日前に突然本件内々定取消しを行っていること、Yは本件内々定取消しが急激な景気悪化に伴う収益の落ち込み等によってやむを得なかったと述べていますが、以前から経営改善策が検討されており、本件連絡の前後で経営環境が激変したものとは認められないこと、内々定取消しの可能性を社内で十分に連絡せず内定通知書交付の連絡が行われたことから、Yの対応は労働契約締結過程における信義則に照らして不誠実といわざるを得ないと認め、不法行為の成立と損害賠償を認めました。

$Q4$　判決が与える影響はどうでしょうか

　内々定の性質が労働契約締結過程において企業が新卒者を囲い込んで他の企業に流れることを防ごうとする事実上の活動にすぎず、内々定の段階ではまだ労働契約が成立したと認められないことが明らかになりました。内定の段階では使用者側の採用の意思が明示され、新卒者からも入社の確実な意思表示がなされます。あわせて内定通知に際して、卒業ができなかったことなど内定取消し事由が明示されることが通常です。このような段階に至っていない内々定ではまだ労働契約の成立までは認められないものです。

　しかし、内々定が行われていることは、労働契約締結のための活動が一定のレベルまで進んでいることを示しています。内々定後、新卒者が就職活動を継続して内々定辞退に至ることも多くあるのは事実ですが、使用者側が内々定を取り消す必要があると認めた場合は、できるだけ速やかに通知するなど、新卒者の就職活動を妨げることがないよう配慮することが求められます。

　他の企業へ就職活動を行うことが事実上できないと考えられるような時期に、誠実な説明などもなく、一方的な内々定取消しを行うことは信義則に反す

る行為と認められて、不法行為が成立するおそれがあります。

　「本件内々定は、内定（労働契約に関する確定的な意思の合致があること）とは明らかにその性質を異にするものであって、内定までの間、企業が新卒者をできるだけ囲い込んで、他の企業に流れることを防ごうとする事実上の活動の域を出るものではないというべきである。したがって、控訴人Ｙが確定的な採用の意思表示（被控訴人の申込みに対する承諾の意思表示）をしたと解することはできず、また、被控訴人Ｘは、これを十分に認識していたといえるから、控訴人及び被控訴人が本件内々定によって労働契約の確定的な拘束関係に入ったとの意識に至っていないことが明らかといえる。本件において、被控訴人主張の始期付解約権留保付労働契約が成立したとはいえない。」

　「上記にみたとおり、本件内々定によって始期付解約権留保付労働契約が成立したとはいえないが、契約当事者は、契約締結のための交渉を開始した時点から信頼関係に立ち、契約締結という共同目的に向かって協力関係にあるから、契約締結に至る過程は契約上の信義則の適用を受けるものと解すべきである。かかる法理は労働契約締結過程においても異ならない。」

　「本件における内々定の合意の実体は、内定までの間に企業が新卒者が他の企業に流れることを防止することを目的とする事実上のものであって、直接的かつ確定的な法的効果を伴わないものである。したがって、被控訴人の請求のうち、労働契約に基づくものは理由がないが、当事者双方が正式な労働契約締結を目指す上での信義則違反による不法行為に基づく慰謝料請求は理由がある。」

マンナ運輸事件

平24・7・13　京都地判

休日のアルバイト不許可は合理性なく損害賠償の対象になる

就業規則で兼業については許可を義務付けていたことから、フルタイマーの準社員が許可を求めたが認められませんでした。この準社員が不許可は不当であり、アルバイト収入見込額と慰謝料を求めて提訴した事件です。判決は就労日の不許可は合理性があるとしましたが、休日の部分については合理性を認めず損害賠償を認めました。

◇◦.◇◦.◇◦.◇◦.

Q1 どんな事件ですか

運輸業を営むY社で準社員（フルタイマー）として大型貨物自動車の運転手として勤務しているXは、Y社での担当勤務の変更のため減収になったことを補うため、就業規則の規定により許可制とされている兼業のアルバイト就労の許可をY社に求めました。Xの申請は就労内容を変えて4回にわたって行われましたが、Y社はいずれも不許可としました。

これに対し、XがY社の兼業不許可は不当であり、Xが損害を受けたとして、アルバイト就労が認められていれば得られたであろう収入見込み額と慰謝料の合計金額の内金200万円の支払いを求めて提訴しました。

Q2　何が争点となったのでしょうか

　Y社がXのアルバイト就労を不許可としたことが違法か否かとアルバイト就労不許可によるXの損害額です。

Q3　判決の具体的な内容はどうだったのですか

　労働者の兼業について、「労働者は、雇用契約の締結によって1日のうち一定の限られた勤務時間のみ使用者に対して労務提供の義務を負担し、その義務の履行過程においては使用者の支配に服する」とし、「労働者は、勤務時間以外の時間については、事業場の外で自由に利用することができるのであり、使用者は、労働者が他の会社で就労（兼業）するために当該時間を利用することを、原則として許さなければならない」としました。

　一方で、Y社の就業規則において、準社員（フルタイマー）ついて、会社の命令または承認を受けないで在籍のまま他の事業に従事したり、または公職についてはならないと定めていることについて、「労働者が兼業することによって、労働者の使用者に対する労務の提供が不能又は不完全になるような事態が生じたり、使用者の企業秘密が漏洩するなど経営秩序を乱す事態が生じることもあり得るから、このような場合においてのみ、例外的に就業規則をもって兼業を禁止することが許される」とし、「労働者に事前に兼業の許可を申請させ、その内容を具体的に検討して使用者がその許否を判断するという許可制を就業規則で定めることも許される」としました。

　しかし、許可に当たっては使用者が恣意的に判断することは許されず、「兼業によっても（中略）使用者に対する労務提供に格別支障がないような場合には、当然兼業を許可すべき義務を負う」と判断しました。

　そのうえで、XがY社に対して行った兼業許可の申請のうち、兼業終了後Y社への労務提供開始までの時間が6時間を切る場合に不許可とすることは、1日当たり15時間もの労働をすることになり、社会通念上も過労を生じさせる場合に不許可とすることには合理性があるとしました。一方、兼業によって月の労働時間が253時間程度になること、週休2日のうち法定休日と定めた日に兼業すること、同業他社でアルバイトすることのみで企業秘密の漏洩の危険が具

体的ではないことを理由に兼業を不許可とすることには合理性が認められないとしました。

　合理性のないアルバイト不許可による損害としては慰謝料の算定をするにあたり、Y社の対応の不合理性の程度、許可されるべきアルバイト就労によって得られた収入の程度、それがXの収入に占める割合、XがY社の不合理性の主張立証に要した労力等をはじめとする諸事情を総合的に考慮して30万円とするのが相当であるとしました。

$Q4$　判決が与える影響はどうでしょうか

　労働者の兼業について、原則として所定就労時間以外の自由利用の観点から使用者がこれを禁止することが許されず、合理的な理由がある場合にのみこれを制限することができるとしたことは、非正規労働者が増加し、複数就労が増加している現状に照らして意義があるといえます。一方、フルタイムで働く労働者の場合、長時間労働の防止の観点から兼業が制限できることが認められることも明らかとなっています。雇用契約の形態によって兼業についての判断を行うことが必要です。

判決要旨

「労働者は、雇用契約の締結によって1日のうち一定の限られた勤務時間のみ使用者に対して労務提供の義務を負担し、その義務の履行過程においては使用者の支配に服するが、雇用契約及びこれに基づく労務の提供を離れて使用者の一般的な支配に服するものではない。労働者は、勤務時間以外の時間については、事業場の外で自由に利用することができるのであり、使用者は、労働者が他の会社で就労（兼業）するために当該時間を利用することを、原則として許され（ママ）なければならない。

　もっとも、労働者が兼業することによって、労働者の使用者に対する労務の提供が不能又は不完全になるような事態が生じたり、使用者の企業秘密が漏洩するなど経営秩序を乱す事態が生じることもあり得るから、このような場合においてのみ、例外的に就業規則をもって兼業を禁止することが許されるものと解するのが相当である。

　そして、労働者が提供すべき労務の内容や企業秘密の機密性等について熟知する使用者が、労働者が行おうとする兼業によって上記のような事態が生じ得るか否かを判断することには合理性があるから、使用者がその合理的判断を行うために、労働者に事前に兼業の許可を申請させ、その内容を具体的に検討して使用者がその許否を判断するという許可制を就業規則で定めることも、許されるものと解するのが相当である。ただし、兼業を許可するか否かは、上記の兼業を制限する趣旨に従って判断すべきものであって、使用者の恣意的な判断を許すものでないほか、兼業によっても使用者の経営秩序に影響がなく、労働者の使用者に対する労務提供に格別支障がないような場合には、当然兼業を許可すべき義務を負うものというべきである。」

「過労にしても機密漏洩にしても、どの程度の危険性があって不許可としなければならないかは、被告の業務内容、兼業許可を申請する労働者の担当職務の種類や内容、兼業として勤務する就業先の業務内容や担当職務等を具体的に検討すべきである。」

日本アイ・ビー・エム事件

—————————————— 平24・10・31　東京高判

成績下位者15％を対象とした退職勧奨も自由な意思形成に影響なく違法ではない

退職勧奨が退職に関する自由な意思決定を不当に制約し、名誉感情等の人格的利益を侵害したとして、勧奨を受けた労働者が訴えた事件。判決は、退職勧奨は自由な意思形成に影響したとは認められないとして請求を退けました。

◇。。◇。。◇。。◇。。

Q1　どんな事件ですか

　被控訴人（被告）Y社は平成20年10月ないし12月に、任意退職者に対して通常の退職金に加えて特別退職金を支払い、再就職支援サービス会社によるサービスを提供することを内容とする「特別セカンドキャリア支援プログラム」（以下、「特別支援プログラム」といいます）を「2008 4 Q リソース・アクション・プログラム」（以下、「RAプログラム」といいます）に基づいて実施し、控訴人（原告）X₁からX₄は、それぞれRAプログラムに基づいて特別支援プログラムにより任意退職することについて退職勧奨（以下、「本件退職勧奨」といいます）を受けました。Xらは、本件退職勧奨はXらの退職に関する自由な意思決定を不当に制約するとともに、Xらの名誉感情等の人格的利益を侵害した違

法な退職勧奨であり、本件退職勧奨によって精神的苦痛を受けたと主張して各自330万円の慰謝料を請求しました。原審はＸらの請求を棄却したため、Ｘらが控訴しました。

$Q2$　何が争点となったのでしょうか

本件退職勧奨の違法性の有無です。具体的には、特別支援プログラムを実施する目的で、その対象者の選定及び退職勧奨の手段・方法を定めたＲＡプログラムの合理性、相当性とＸらに対する具体的な退職勧奨の違法性が争点になりました。

$Q3$　判決の具体的な内容はどうだったのですか

退職勧奨について、「使用者が労働者に対し、任意退職に応じるよう促し、説得を行うことがあるとしても、その説得等を受けるか否か、説得等に応じて任意退職するか否かは、労働者の自由な意思にゆだねられるものであり、退職勧奨は、その自由な意思形成を阻害するものであってはならない」と述べて、「退職勧奨の態様が、退職に関する労働者の自由な意思形成を促す行為として許容される限度を逸脱し、労働者の退職についての自由な意思決定を困難にするものであったと認められるような場合には当該退職勧奨は、労働者の退職に関する自己決定権を侵害するものとして違法性を有」するとしました。

ＲＡプログラムについては、従業員の約5.9％に相当する1,300人が特別支援プログラムにより任意退職することを予定し、それまでの経験に基づいて応募予定数を確保するため、退職勧奨の対象者を応募予定者の2.5倍から３倍に設定し、その選定基準については、業績の下位15％として特定された従業員のうちＹグループ外にキャリアを探してほしい人を基本として、５つの条件を付加的に設定したものであると認めました。業績下位15％として特定される従業員は平成20年度の評価が３または４となることが見込まれていました。このようなＲＡプログラムについて、「目的及び対象者の選定方法は、基本的には不合理なものとはいえず、定められた退職勧奨の方法及び手段自体が不相当であるともいえない」として、Ｘらについて「〈１〉その個別の選定に合理性を欠いていたか否か、〈２〉その具体的な退職勧奨の態様において、社会通念上相当と認めら

れる範囲を逸脱していたか否かが問題となる」としました。

　個別の退職勧奨の状況を詳細に検討した結果として、原審の判断と同様に、Ｘらのいずれについても〈１〉及び〈２〉のいずれからも退職勧奨に違法性は認められないと判断され、Ｘらの控訴は棄却されました。

Q4 判決が与える影響はどうでしょうか

　大量の合意退職の成立を目指すいわゆる希望退職制度の実施に当たっては、従業員の任意の応募を待つだけでなく、業績などを理由に退職勧奨の対象者を選定して、退職勧奨を実施することがあります。本件では特別支援プログラムの実施に当たって、ＲＡプログラムに基づく退職勧奨が行われましたが、退職勧奨の対象者の選定も、その面談における面談者の言動のいずれも社会的相当性を逸脱するものではないと判断されました。退職勧奨自体が違法性を帯びる行為ではなく、労働者の自由な意思決定を阻害しない面談の実施を確保して上司・部下のコミュニケーションを実行することが重要です。

判決要旨

　「退職勧奨の態様が、退職に関する労働者の自由な意思形成を促す行為として許容される限度を逸脱し、労働者の退職についての自由な意思決定を困難にするものであったと認められるような場合には当該退職勧

奨は、労働者の退職に関する自己決定権を侵害するものとして違法性を有し、使用者は、当該退職勧奨を受けた労働者に対し不法行為に基づく損害賠償義務を負うものというべきである。」

「ＲＡプログラムの目的及び対象者の選定方法は、基本的には不合理なものとはいえず、定められた退職勧奨の方法及び手段自体が不相当であるともいえない。したがって、被控訴人が控訴人らを選定し、退職勧奨を試みたことについては、〈１〉その個別の選定に合理性を欠いていたか否か、〈２〉その具体的な退職勧奨の態様において、社会通念上相当と認められる範囲を逸脱していたか否かが問題となる。」

「ＲＡプログラムによる対象者の選定は、業績の下位15％を基本とする広範なものであり、ＰＢＣ評価３及び４の評価分布が最高の15％に設定された平成20年度には、その余の年度に２の評価を受けたり、自己の目標を達成した通常の従業員でも、相対的に下位15％と評価されることが十分あり得る。また、被控訴人は、当時、本件企業文化の一層の推進という観点から業績評価を行うことを社内に周知徹底しているところ、その観点が従業員の評価の観点としては不当なものとはいえないことは、前記説示のとおりである。そうすると、選定に合理性を欠いていたか否かは、上記の相対評価と人事施策方針の下で、業績評価の客観性が確保されているか、すなわち、業績評価に恣意的評価あるいは裁量の逸脱・濫用があるか否かによって判断されるべきものというべきであり、その判断に必要な審理は尽くされているものと解される。」

「控訴人らは、いずれも退職勧奨を拒否し、業務改善の要求であることを確認した上で面談に臨むなどの対応をしてきたものであり、それが控訴人らの退職に関する自由な意思形成に影響したとも認められない。そして、退職勧奨と認められる面談等についても、退職に関する控訴人らの自由な意思形成を促す行為として許容される限度を逸脱し、控訴人らの退職についての自由な意思決定を困難にするものであったと認めることができないこと、したがって、控訴人らの退職に関する自己決定権が侵害されたとは認められないことは、個別に認定したとおりである。」

N社事件

平25・12・10　大分地判

準社員運転者は通常の労働者と同視すべき短時間労働者で賞与などに差があるのは不法行為

準社員であるトラック運転業務を行っていた原告が、同じ業務を行っていた正社員と比べて労働条件に差があるのはパートタイム労働法8条1項（当時）に違反するとして不法行為による損害賠償などを請求した事件です。判決は、同一業務であることを認定し損害賠償を命じました。

◇｡ ｡◇｡ ｡◇｡ ｡◇｡ ｡

Q1　どんな事件ですか

　貨物自動車運送事業等を行うN社（被告）に期間の定めのある雇用契約を締結して準社員として雇用され、平成16年10月から1年契約を更新して勤務を継続していたX（原告）が、同じトラック運転業務に従事している正社員と比較して、賞与支給額、休日日数の設定及び退職金支給の有無などについて労働条件に差異があることを、短時間労働者であることを理由とした差別であり、パートタイム労働法8条1項に反するとして、正社員と同じ労働条件であることの確認請求や同法違反の不法行為に基づいて過去の賞与差額相当額などの損害賠償請求などを行った事件です（なお、本件でXはN社から雇止めを受けたことを無効として労働契約上の地位確認請求等も行っていましたが、本稿では

取り上げません)。

$Q2$　何が争点となったのでしょうか_____

　パートタイム労働法8条1項違反の有無と、同法違反が認められた場合の救済請求の方法及びパートタイム労働法8条1項に違反したことによる不法行為に基づく損害賠償請求の消滅時効です。具体的には、①有期労働契約の準社員であるXが正社員と同視し得るパートタイム労働者に該当するか、②パートタイム労働法8条1項に基づく私法上の請求が可能か、③消滅時効として賃金の消滅時効である2年が適用されるか不法行為の消滅時効である3年が適用されるかです。

$Q3$　判決の具体的な内容はどうだったのですか_____

　争点①について、準社員であるXの業務がタンクローリーによる危険物等の配送及び付帯事業に従事することで、この職務が正社員の職務と同じであったことは当事者間に争いがありませんでした。N社は、正社員は転勤等、役職への任命等の点において準社員とは異なると主張しましたが、裁判所は、「就業規則上、転勤・出向は、正社員にはあるが、準社員にはな」いことは認めましたが、「正社員の転勤自体少なく、九州管内では、平成14年以降、転勤・出向はなかった」、一方で、「平成20年3月31日までは、準社員をチーフ、グループ長や運行管理者、運行管理者補助者に任命することが行われており、同年4月1日以降、準社員について、チーフ、グループ長や運行管理者から解任することがなされたが、依然として準社員がチーフ、グループ長や運行管理者に任命されている例があった」などと認定しました。N社は、準社員ドライバーは正社員ドライバーと異なって、緊急の対処が必要な業務、対外的な交渉が必要な業務に従事しないと主張しましたが、この点もドライバーの職務内容の相違点として重視することはできないとされました。さらに、正社員ドライバーから事務職に職系転換する者がいることについても、その人数が限られていることから正社員ドライバーの配置の範囲が準社員ドライバーと異なるとはいえないと判断しました。結局、職務の内容とその変更の範囲について、準社員ドライバーと正社員ドライバーとの間に明確な違いがあることを認めませんでした。その

うえ、準社員ドライバーの契約が有期労働契約であることについても、有期契約が過去に反復更新されており、労働契約法19条１号に定める雇止めが無期労働契約の解雇と同視し得るか、そうでなくても同法19条２号に該当すると判断しました。

　争点②について、判決では、Ｘが通常の労働者と同視すべき短時間労働者に該当すると認められるとし、「正社員と準社員であるＸの間で、賞与額が大幅に異なる点、週休日の日数が異なる点、退職金の支給の有無が異なる点は、通常の労働者と同視すべき短時間労働者について、短時間労働者であることを理由として賃金の決定その他の処遇について差別的取り扱いをしたものとして、パートタイム労働法８条１項に違反すると認められる」と判断しました。しかし、正社員と同一の労働契約上の権利を有することの確認請求については、「パートタイム労働法８条１項は差別的取り扱いの禁止を定めているものであり、同項に基づいて正規労働者と同一の待遇を受ける労働契約上の権利を有することの確認を求めることはできないと解される」として、確認請求を棄却しました。一方で、「パートタイム労働法８条１項に違反する差別的取り扱いは不法行為を構成するものと認められ、ＸはＮ社に、その損害賠償を請求することができる」としました。

　争点③について、判決では正社員と準社員で週休日が異なることにより、準社員に割増手当の支給が少ないことと、賞与支給額に差があることについて差別的取り扱いによって損害が生じていると認め、その請求権の消滅時効については、損害の額が賃金の差額と同額となるとしても賃金請求権の時効の２年ではなく不法行為の損害賠償請求権の時効である３年を適用すると判断しました。

$Q4$　判決が与える影響はどうでしょうか

　パートタイム労働法８条１項に基づく差別的取り扱いとそれを理由として不法行為による損害賠償請求を認めた最初の判断です。パートタイム労働法８条１項の要件をやや緩和して適用した判断と思われ、正社員と準社員とが極めて似通った職務内容とその変更の範囲である場合に、短時間労働者であることによる労働条件の差異に合理的理由があると認められないとされており、今後、

同様な判断を受ける事例が続くのかが注目されます。

判決要旨

　「原被告間の労働契約は、反復して更新されることによって期間の定めのない労働契約と同視することが社会通念上相当と認められる期間の定めのある労働契約（パートタイム労働法8条2項）に該当するものと認められる。そして、原告は、『事業の内容及び当該業務に伴う責任の程度』（以下『職務の内容』という。）が当該事業所に雇用される通常の労働者と同一の短時間労働者であって、当該事業主と期間の定めのない労働契約を締結しているもののうち、当該事業所における慣行その他の事情からみて、当該事業主との雇用関係が終了するまでの全期間において、その職務の内容及び配置が当該通常の労働者の職務の内容及び配置の変更の範囲と同一の範囲で変更されると見込まれるもの（以下『通常の労働者と同視すべき短時間労働者』という。）（パートタイム労働法8条1項）に該当したものと認められる。」

アメリカン・エキスプレス・インターナショナル・インコーポレイテッド事件

平26・11・26　東京地判

休職後の復職条件を厳しくした就業規則変更は合理性のない不利益変更で無効。地位確認し賃金支払い命ず

精神的疾患により休職していた労働者が期間満了時に休職事由が消滅したとして復職を求めましたが、就業規則が改訂されて判定基準が変更され厳しくなったため復職できず退職という扱いになりました。この労働者が地位確認と賃金の支払いなどを求めた事件です。判決は復職条件を厳しくした就業規則変更は合理性がなく無効と判断、労働者の請求を認めました。

◇。。◇。。◇。◇。◇。。

Q1　どんな事件ですか

　被告Ｙ社と雇用契約を締結した後、業務外傷病（うつ状態）により傷病休暇及び療養休職を取得したＸが、休職期間満了時に休職事由が消滅しており、Ｘ、Ｙ社間の雇用契約はＹ社の就業規則により終了しないと主張して、Ｙ社に対して雇用契約上の権利を有する地位の確認と休職期間満了日である平成24年12月21日以降の賃金と遅延損害金の支払いを求めた事件です。

Q2　何が争点となったのでしょうか

　Ｙ社はＸの休職期間が満了する約３ヵ月前に、傷病休暇、療養休職、復職及

び雇用の終了に関する制度について就業規則を変更して（以下、「本件就業規則変更」といいます）、「復職に当たっては、原則として、従前の職に戻るものとする」と定め、復職判定の手続きについては、必要に応じて主治医宛の医療情報開示同意書の提出を求めまたは会社の指定する医療機関等での受診を命じることがあるとしました。また、「復職」については、「従来の業務を健康時と同様に通常業務を遂行できる状態の勤務を行うことを指す」と定めました。このような復職が可能と認められないときは休職期間の最終日をもって、自動的に退職するものとするとしました。Y社はこの就業規則に基づいてXを療養休職期間の最終日（以下、「本件療養休職期間満了時」といいます）をもって自動退職とすることを通知しました。Xは、①本件就業規則変更は労働条件の不利益変更に当たり、合理的なものということができないのでXを拘束しないこと、②本件療養休職期間満了時において、Xの休職事由が消滅していたことを主張しました。

$Q3$　判決の具体的な内容はどうだったのですか

　判決では、本件就業規則変更について（争点①）、「従来規定されていない『健康時と同様』の業務遂行が可能であることを、療養休職した業務外傷病者の復職の条件として追加するものであって、労働条件の不利益変更に当たることは明らかである」としました。業務外傷病のうち特に精神疾患は、一般に再発の危険性が高く、完治も容易なものではないことからすれば、『健康時と同様』の業務遂行が可能であることを復職の条件とする本件就業規則変更は、業務外傷病者の復職を著しく困難にするものであって、その不利益の程度は大きいものである一方で、本件就業規則変更の必要性及びその内容の相当性を認めるに足りる事情は見当たらないことからすれば、本件就業規則が合理的なものということはできないとして、Xが変更後の就業規則に拘束されることはないとしました。

　本件療養休職期間満了時において、Xの休職事由が消滅したか（争点②）については、休職事由が消滅した（治癒した）というためには、原則として、休職期間満了時に、休職前の職務について労務の提供が十分にできる程度に回復することを要し、このことは、業務外傷病により休職した労働者が主張立証す

べきものと解されるとしました。

　そのうえで、Xの主治医が診断書及び医療情報提供書において本件療養休職期間満了時の前である平成24年12月14日より就労可能である（治癒した）と判断する旨の診断をしていたこと、Xがリワークプログラムを利用したところ、カウンセラーがXの上司に、Xが安定してリワークプログラムを利用することができ、集中力などが回復している様子であるなどを伝えたこと、Y社指定医が平成24年12月17日にXを診断した後にXの上司に対して「主治医の診断のとおり」と述べていたことなどから、Xが就労可能であるとする主治医の診断は十分に信用できるものと認めました。

　Y社は会社が定めた内規において9項目の判定基準をすべて満たした場合にのみ復職を可とする運用をしているが、Xはそのすべてを満たしたといえないから、本件療養休職期間満了時においてXが復職可能であるとはいえないと判断したことに誤りはないと主張したことについては、内規についてはY社人事部において、業務外傷病により傷病休暇及び療養休職を取得した従業員の復職判断のための内部資料として作成されたものにすぎず、従業員には開示されていないから、その運用が本件雇用契約の内容として、Xの復職可否の判断を無条件に拘束するものではないとしました。

　また、主治医に対して照会して医療記録の提供を受けるなどしてY社指定医の診断も踏まえて診断書や医療情報提供書の内容を吟味することが可能であったにもかかわらず、このような措置を何らとることなくして主治医の診断を排除して、内規を満たしていないとしたY社の判断は、「Xの復職を著しく困難にする不合理なものであり、その裁量を逸脱又は濫用したものというべきである」として排除しました。

　Xの請求は認容されました。

Q4 判決が与える影響はどうでしょうか

　業務外傷病である精神疾患が治癒したかどうかの判断は、雇用契約の終了にかかわるものであり、原則として治癒を主張する従業員が主張立証すべきものですが、使用者としても傷病の特徴を踏まえて合理的な判断をすることが求められます。休業前の業務に健康時と同様に完全な業務遂行を求めることは、使

用者の裁量の範囲を逸脱または濫用したものとされるおそれがあることに注意
すべきです。

判決要旨

　「休職制度が、一般的に業務外の傷病により債務の本旨に従った労務の
提供ができない労働者に対し、使用者が労働契約関係は存続させながら、
労務への従事を禁止又は免除することにより、休職期間満了までの間、解
雇を猶予するという性格を有していることからすれば、使用者が休職制
度を設けるか否かやその制度設計については、基本的に使用者の合理的
な裁量に委ねられているものであるとしても、厚生労働省が公表してい
る『心の健康問題により休業した労働者の職場復帰支援の手引き』（書証
略。平成21年3月改訂）から、本件内規中に掲げた本件判定基準9項目を
全て満たした場合にのみ復職を可能であるとする運用を導くことは困難
である。」

第一紙業事件

平28・1・15 東京地判

早期退職優遇制度により割増退職金を受け競業避止の不支給事由に該当した場合は返還義務

会社が早期退職制度に応募した従業員が在職中の業務に関連した商品取引を行っていたと不法行為に基づく損害賠償として退職給付相当額及び弁護士費用を求め、選択的に早期退職優遇制度の除外または不支給事由に当たることから不当利得として返還を求めた事件。判決は不法行為は認めませんでしたが、割増退職金などを損害として認めました。

◇□。◇□。◇□。◇□。

Q1 どんな事件ですか

　紙、紙製品及び紙料並びに事務用物品の販売等を目的とする株式会社であるX（原告）が、Xの従業員であるY（被告）が、Xの実施した早期退職制度に応募して退職した後に、在職中及び退職後の競業避止義務に違反して競業行為を行ったと主張し、Yが在職中に競業行為を行い、あるいは退職後に競業行為を行う意図があることをXに隠して退職給付を受けたことが不法行為に当たるとして、不法行為に基づく損害賠償請求権に基づいて退職給付相当額及び弁護士費用の損害金及び遅延損害金の支払いを求めた事件です。Xは選択的にYが早期退職制度の適用除外事由またはXの退職金規程上の不支給事由があるにも

かかわらず退職給付を受けたことが不当利得に当たると主張して、利得金返還請求権に基づいて、退職給付相当額等の利得金及び利息の支払いも求めました。

　YはXに在籍中、Xの取引先とともに新規商品（以下、「本件商品」といいます）の開発・営業等に従事していました。Xは平成24年7月に早期退職制度（以下、「本件早期退職制度」といいます）を実施しました。本件早期退職制度の内容として、割増退職金の支給等が定められていましたが、「競業他社への転職、または自らXと競合する事業を行うことが明白であり、かつ適用を認めることにより、Xの事業遂行上影響が生じると判断されるとき」などの適用除外事由に該当するときは、本件早期退職制度の適用が認められないとされていました。

　Yは同年8月30日に本件早期退職制度に応募し、Xから同年9月10日に本件早期退職制度を適用することの決定を受け、同年10月31日にXを退職しました。Yは退職前からXに対し、本件商品に関する特許権等を買い取ることを交渉しましたが、金額などの面でその交渉は決裂しました。一方で、Yは退職前からXの取引先などに自らの知人が設立した会社で本件商品の取引を継続することを持ちかけるなどの行為をしており、退職後も本件商品の取引を行っていました。

Q2　何が争点となったのでしょうか

　Yが在職中及び退職後に競業避止義務を負っていたか（争点①）、Yが在職中または退職後に競業避止義務に反する競業行為を行ったか（争点②）、YがXに対し欺罔行為を行ったか（不法行為が成立するか）（争点③）、Yが退職給付を受けたことに法律上の原因がないといえるか（不当利得に当たるか）（争点④）、Xの損失、Yの利得及び因果関係が認められるか（争点⑤）です。

Q3　判決の具体的な内容はどうだったのですか

　Yが在職中及び退職後に競業避止義務を負っていたか（争点①）について、在職中については就業規則の規定に基づき、退職後については、本件早期退職制度の適用を受けるに当たりYが提出した誓約書に基づいて、YはXに対して

競業避止義務を負っていることを認めました。

　Yが在職中または退職後に競業避止義務に反する競業行為を行ったか（争点②）については、本件商品について、Yの知人が設立した会社においてXの取引先からこれを仕入れて販売する行為を行ったことや、同社のウェブサイトで本件商品を宣伝して販売する行為が行われたことを認め、この事業はXの事業と競業するもので、Yが本件商品に関する競業行為を行った会社の利益となる行為を行ったことを認め、Yが在職中及び退職後の競業避止義務に反する競業行為を行ったことを認めました。

　一方、YがXに対し欺罔行為を行ったか（不法行為が成立するか）（争点③）については、「本件早期退職制度における適用除外事由が背信的行為を行った応募者に対し、同制度上の優遇措置を享受させるべきではないとの趣旨から定められており、そのような趣旨からすると、本件早期退職制度の適用決定がされた応募者について、背信的行為が発覚した場合に、Xがその適用を撤回することも制度上予定されているものと解されることを勘案すると、応募者の適用除外事由の有無は、Xが調査すべきものであると解するのが相当である」として、「応募者に適用除外事由の自己申告を期待することは不可能である」としました。したがって、YにはXに対して本件早期退職制度の適用除外事由を告知する義務を負うとは認められないのであり、YのXに対する欺罔行為も認められず、不法行為は成立しないと判断しました。

　しかし、Yが退職給付を受けたことに法律上の原因がないといえるか（不当利得に当たるか）（争点④）については、Yには本件早期退職制度の適用除外事由が認められ、同制度に基づき発生する退職給付請求権を有する地位にないにもかかわらず、同制度に基づく退職給付を受けたと評価できるから、当該退職給付を受けたことについて、法律上の原因がないと解するのが相当であるとしました。

　さらに、Xの損失、Yの利得及び因果関係が認められるか（争点⑤）については、割増退職金相当額、有給休暇残日数の賃金相当額及び再就職支援サービス相当額（合計金1,157万1,805円）の損失がXの損害に当たり、Yは同額の利得を得たものと認めるのが相当で、これらの損害と利得の間には因果関係が認められ、Yは悪意の受益者であるので割増退職金の支給を受けた日から民法所定年

５分の割合による利息を支払う義務を負うと認めました。

$Q4$　判決が与える影響はどうでしょうか

　早期退職募集の際には、退職後の競業避止義務など適用の条件を付することが行われます。本判決は、適用除外事由が認められるのに早期退職制度の適用を受けたものに対しては不当利得の返還義務があることを明確にしました。一方で、適用除外事由があるかどうかは早期退職募集を行う会社が調査するべきこととして、従業員の告知義務が否定されたことにより、早期退職制度の適用においては、会社側の慎重な判断が必要になります。

判決要旨

　「本件早期退職制度は、原告における人事削減策として行われたものであり、（中略）原告における人事削減策に協力したことに対する対価として、割増退職金の支給等の優遇された退職給付を付与する制度であると認められる。」

　「背信的行為を行った応募者に対しては本件早期退職制度における優遇措置を享受させるべきではないとの趣旨から、適用除外事由が定められていることに鑑みると、適用除外事由は、それが存在する場合には退職給付を支給しない旨を定めるものであると解されるものであり、同制度に基づく退職給付請求権の発生要件と位置づけられる。」

福原学園（九州女子短期大学）事件

平28・12・1　最一小判

３年を限度とする１年の有期労働契約でその後無期契約となるかどうかは使用者の判断に委ねられる

１年契約で講師として勤務していた職員が、１年後に期間満了により雇止めの通告を受けたことから地位確認請求を訴えた事件。この契約では３年を限度とする定めがあったので使用者側は３年で雇止めする旨も通知していました。原審は雇止めについて合理的理由を欠くとして無期契約に移行したと認めましたが、本件判決は、無期契約に移行したとは認めず、その後の賃金の請求部分も棄却しました。

◇□。◇□。◇□。◇□。

Q1　どんな事件ですか

　X（原告、被控訴人、被上告人）はY学校法人（被告、控訴人、上告人）との間で、Y学園契約職員規程（以下、「本件規程」といいます）に基づいて、平成23年４月１日から同24年３月31日までの契約期間を定めて労働契約を締結して契約職員となり（以下、XとYとの間の労働契約を「本件労働契約」といいます）、Yが設置するA女子短期大学において講師として勤務していましたが、平成24年３月19日に同月31日をもってYがXに対し本件労働契約を終了する旨の通知を行ったことから、XがYに対して雇止めの無効を主張して提起した地

位確認請求事件の上告審です。

　YはXが提訴した後、平成25年2月7日に「仮に本件労働契約が同24年3月31日をもって終了していないとしても、同年3月31日をもって本件労働契約を終了する」旨の通知をしました。また、Yは、平成26年1月22日付でXに対し、「本件規程において契約期間の更新の限度は3年とされているので、仮に本件労働契約が終了していないとしても、同年3月31日をもって本件労働契約を終了する」旨通知しました（以下、この通知による雇止めを「本件雇止め」といいます）。

　原審では本件雇止めの前の2回の雇止めの効力をいずれも否定したうえ、本件雇止めについては、Xの認識や契約職員の更新の実態に照らすと採用当初の「3年間は、試用期間であり、特段の事情のない限り、無期労働契約に移行するとの期待に客観的な合理性があるものというべきである」として、本件労働契約が平成26年4月1日から期間の定めのない労働契約（以下、「無期労働契約」といいます）に移行したものとしてXの請求を認容していました。これに対してYが上告したものです。

Q2　何が争点となったのでしょうか

　本件雇止めの効力と無期労働契約への移行の成否です。原審では「Xが本件雇止めの効力を争い、その意思表示後も本件訴訟を追行して遅滞なく異議を述べたといえる以上、本件雇止めに対する反対の意思表示をして無期労働契約への移行を希望するとの申し込みをしたものと認めるのが相当である」とし、Yが行った2回の雇止めが「いずれも客観的に合理的な理由を欠き、社会通念上相当と認められない結果更新され、その後無期労働契約への移行を拒むに足りる相当な事情が認められない以上、Yは上記申込みを拒むことはできないというべきである」として本件労働契約が無期労働契約に移行したことを認めました。

Q3　判決の具体的な内容はどうだったのですか

　判決では原審の判断を覆し、Xの請求のうち、労働契約上の地位確認と1年の有期労働契約を3回繰り返した後となる平成26年4月1日以降の賃金の支払

い請求を認容した部分を破棄して、同部分について請求を棄却しました。

　判決では、本件労働契約は期間1年の有期労働契約として締結されたものであり、「その内容となる本件規程には、契約期間の更新限度が3年であり、その満了時に労働契約を期間の定めのないものとすることができるのは、これを希望する契約職員の勤務成績等を考慮してYが必要であると認めた場合である旨が明確に定められていたのであり、Xもこのことを十分に認識したうえで本件労働契約を締結したものとみることができる」と認めました。

　そのうえで、大学の教員の雇用が一般的に流動的なものであること、Yが運営する3つの大学において3年の更新期間満了後に労働契約が期間の定めのないものとならなかった者が複数いたことを指摘して、「本件労働契約が期間の定めのないものとなるか否かは、Xの勤務成績を考慮して行うYの判断に委ねられているものというべきであり、本件労働契約が3年の更新限度期間の満了時に当然に無期労働契約となることを内容とするものであったと解することはできない」とし、また、Yが本件労働契約を期間の定めのないものとする必要性を認めていなかったことは明らかであるとして、本件労働契約終了後に無期労働契約に移行したことを否定しました。

　すなわち、有期労働契約については、本件規程に定める更新限度である3年が満了したことをもって終了するとし、その後の無期労働契約については、有期労働契約の終了後に当然に成立するとみなされるものではなく、Yによる採用と同様に、Yが無期労働契約の締結をすることを、明示的に合意しなければ成立しないと判断しました。

Q4　判決が与える影響はどうでしょうか

　就業規則等の規定によって有期労働契約にあらかじめ更新上限を設けることは有効であり、更新上限が到来すればそれ以後の有期労働契約としての更新の期待は認められないことは明らかです。

　有期労働契約の更新上限に至ったときに無期労働契約を締結することがありますが、その場合、無期労働契約として新たに契約締結するか否かを当事者である使用者の採用意思に委ねる定めも有効であることが明らかになりました。労働契約法18条に定める無期転換権の発生とは異なる契約関係であることが明

確となったものです。

判決要旨

　「本件労働契約が期間の定めのないものとなるか否かは、Xの勤務成績を考慮して行うYの判断に委ねられているものというべきであり、本件労働契約が3年の更新限度期間の満了時に当然に無期労働契約となることを内容とするものであったと解することはできない。そして、前記2（3）の事実関係に照らせば、Yが本件労働契約を期間の定めのないものとする必要性を認めていなかったことは明らかである。」

　「また、有期労働契約の期間の定めのない労働契約への転換について定める労働契約法18条の要件を被上告人が満たしていないことも明らかであり、他に、本件事実関係の下において、本件労働契約が期間の定めのないものとなったと解すべき事情を見いだすことはできない。」

Ｙ社事件

平29・3・30　仙台地判

期間の定めのないマネージ社員と１年契約のキャリア社員で賞与に差があっても期待される役割異なり違法でない

宅配サービス会社の無期雇用のマネージ社員と１年契約のキャリア社員の賞与について差があることについて、キャリア社員が労働契約法20条に違反する不法行為だとして差額と慰謝料、遅延損害金などの支払いを求めた事件。判決は乗務員として同一の業務に従事することがあっても期待される役割が異なることから、違法とは認めず原告の請求を認めませんでした。

◇□。◇□。◇□。◇□。

Q1　どんな事件ですか

宅配サービス等を行うＹ社（被告）においては、期間の定めのない雇用契約を締結している社員（以下、「マネージ社員」といいます）と１年以内の期間の定めのある雇用契約を締結している社員（以下、「キャリア社員」といいます）が存在しています。キャリア社員であるＸ（原告）が、Ｙに対して、マネージ社員とキャリア社員との間で賞与の算定方法が異なる不合理な差別があり、さらにＸの個人成果査定が不当に低いことが労働契約法20条に違反する不法行為

であると主張して、平成25年7月、同年12月、平成26年7月、同年12月支給の
各賞与について不法行為がなければXに支給されたと主張する金額と実際に得
た賞与の差額99万5974円とこれに対する遅延損害金及び出勤時間の取り扱いに
ついてXに対して不当に警告書が公布されたことがYのXに対するパワーハラ
スメント・嫌がらせであり不法行為に当たると主張して、慰謝料50万円とこれ
に対する遅延損害金の支払いを求めたものです。

$Q2$　何が争点となったのでしょうか

　Yにおけるマネージ社員とキャリア社員の賞与の支給方法の差異が労働契約
法20条に反するか（争点1）、Xに対する賞与の個人査定が不当に低すぎるか
（争点2）及びXに対するYのパワーハラスメントなどによる不法行為の成否
（争点3）の3点です。

$Q3$　判決の具体的な内容はどうだったのですか

　Xの請求はすべて退けられました。

　Yにおいて、マネージ社員には、他の社員を取りまとめ、管理ができる社員
としての役割が期待され、職務内容の変更や役職者に昇進する可能性があり、
また、業務上の必要により転勤を命じられることがあります。

　キャリア社員には、与えられた役割の中で、個人の能力を最大限発揮して個
人や店の業績に応じて1年ごとに処遇・契約される社員としての役割が期待さ
れ、転勤はなく、職務内容の変更や役職者への昇進もないものとされています。
格付け、等級、号俸、業務区分が同じ場合、マネージ社員とキャリア社員の基
本給の時間単価は同じであり、キャリア社員の月間労働時間が長いため基本給
はキャリア社員の方が高くなります。業務インセンティブ、リーダー手当、地
域手当、扶養手当、通勤手当などの各種手当の支給基準についてはマネージ社
員とキャリア社員とでは同じ内容が定められています。

　このような人事制度の下で、キャリア社員の賞与は「会社は営業成績に応じ
て賞与を支給することがある。この場合、受給資格者は賞与計算期間中の在籍
者で、なおかつ、支給日在籍者とする」と定められており、マネージ社員の賞
与は「会社は営業成績に応じて賞与を支給することがある」とされ、賞与計算

期間と受給資格者が定められていますが、計算方法は労使協議のうえ、別に定めるとされています。

　キャリア社員とマネージ社員の賞与の支給が異なることが労働契約法20条に違反するかの点について、判決では、「有期契約労働者と無期契約労働者との間の労働条件の相違があれば直ちに不合理とされるものではなく、労働契約法20条に列挙されている要素を考慮して『期間の定めがあること』を理由とした不合理な労働条件の相違と認められる場合を禁止するものであると解される」とし、「マネージ社員とキャリア社員との間には、ともに運行乗務業務に従事している場合、その内容及び当該業務に伴う責任の程度は同一といえるが、マネージ社員に期待される役割、職務遂行能力の評価や教育訓練等を通じた人材育成等による等級・役職への格付け等を踏まえた転勤、職務内容の変更、昇進、人材登用の可能性といった人材活用の仕組みの有無に基づく相違があり、職務内容及び配置の変更の範囲には違いがあり、その違いは小さいものとはいえない」と判断しました。

　また、賞与の支給方法の違いは支給月数と成果査定の仕方にありますが、支給月数の相違はマネージ社員より基本給が高いキャリア社員について所定労働時間比率を乗じるなどして調整するもので、支給月数の差も格別大きいものとはいえないとしました。査定方法の違いについては職務の内容及び配置の変更の範囲の差があることから査定方法の違いが不合理なものであるともいえないとしました。また、各賞与はその支給方法を含めて労働組合との協議で定められており、Xが所属する労働組合からも意見聴取がなされていることから、労働契約法20条に反する不合理な労働条件の相違とは認められないとしました。

　また、「賞与における成果査定については、使用者がその経営方針に基づき諸般の事情を総合考慮して行うものであり、使用者に広範な人事裁量権が認められる」とし、「査定が事実誤認に基づくものであるとか、恣意的なものであるなど人事裁量権の範囲を逸脱し、これを濫用したと認められる場合に限って違法となるものといえる」として、本件ではそのような濫用は認めませんでした。

　Xに対するパワーハラスメントの主張についても、労働時間の取り扱いについて警告書を交付する行為についてパワーハラスメントが成立するとは認められないとしました。

$Q4$　判決が与える影響はどうでしょうか

　労働契約法20条に関する裁判で賞与について判断された事例です。賞与の支給方法の相違についても「職務の内容と配置の変更の範囲」の違いにより不合理な労働条件の相違ではないとされました。有期労働契約社員と無期労働契約社員が同一の業務につくことがあっても人材活用の範囲の違いは処遇の差異を認める根拠となることが確認されました。

判決要旨

　「マネージ社員とキャリア社員の職務の内容及び配置の変更の範囲、具体的には転勤、昇進の有無や期待される役割の違いに鑑みれば、長期的に見て、今後現在のエリアにとどまらず組織の必要性に応じ、役職に任命され、職務内容の変更があり得るマネージ社員の一般社員について成果加算（参事、業務役職は成果査定）をすることで、賞与に将来に向けての動機づけや奨励（インセンティブ）の意味合いを持たせることとしていると考えられるのに対し、与えられた役割（支店等）において個人の能力を最大限に発揮することを期待されているキャリア社員については、絶対査定としその査定の裁量の幅を40％から120％と広いものとすることによって、その個人の成果に応じてより評価をし易くすることができるようにした査定の方法の違いが不合理であるともいえない。」

A社（会社分割）事件

平29・8・30　東京地判

会社分割をめぐる労働者との話し合いは組合加入をめぐるもので5条協議の趣旨に反し承継は無効

　　新設分割によって子会社に移籍された労働者が、移籍先の解散によって解雇されたことから、承継の効力を否定して地位確認の請求をした事件。判決は、原告労働者と新会社の社長となる予定の工場長との話し合いは、組合加入とその脱退をめぐる話に終始していたことから、商法等改正法附則5条1項の新会社承継への希望を聴くという法の趣旨とは程遠く、労働契約の合意解約は認められないとして原告の請求をすべて認めました。

◇◦。◇◦。◇◦。◇◦。

Q1　どんな事件ですか

　Y社（被告）が新設分割の方法によって自社工場を分社化した際に（以下、「本件会社分割」といいます）、会社分割によって設立された新設会社においてYから労働契約を承継するとされたX（原告）が、Yに対し、上記労働契約の承継（以下、「本件労働契約承継」といいます）は、Xとの関係で手続きに瑕疵があるので、Xはその効力を争うことができると主張して、労働契約上の権利を有する地位にあることの確認と、同契約に基づく賃金及び賞与の支払いを求めた事件です。

　Yから新設分割によって100％子会社として平成24年7月2日に設立された新設会社は平成26年1月31日に一人株主であるYの解散決議により解散しており、Xは同月20日に解散を理由として解雇されていました。Xは新設会社に対して労働契約上の地位確認を求めるのではなく、本件会社分割に伴う本件労働契約承継の効力を否定する主張をして、Yに対して地位確認を求めたものです。

Q2　何が争点となったのでしょうか

　本件会社分割に伴うXの本件労働契約承継に関する手続きが、商法等改正法附則5条1項に定める労働者との協議（以下、「5条協議」といいます）の趣旨に反するかどうかです。また、本件の事実経過の中で、XとYとの間で、Xから退職の意思表示があったか、労働契約が黙示に合意解約されたかどうかも争点として挙げられました。

Q3　判決の具体的な内容はどうだったのですか

　Xの請求はすべて認容されました。

　会社分割に伴う労働契約承継の場合、事前に5条協議が行われて労働者の希望も踏まえて分割計画が策定されることにより労働者保護を図るものです。

　判決では最高裁判決が示した「株式会社の新設分割において、承継法3条によれば分割をする会社との労働契約が分割によって設立される会社に承継されるものとされている労働者と、当該分割をする会社との間で5条協議が全く行われなかった場合、または、上記協議が行われたものの、その際の当該会社からの説明や協議の内容が著しく不十分である等法が上記協議を求めた趣旨に反することが明らかな場合には、当該労働者は当該承継の効力を争うことができ、分割会社との労働契約上の地位確認の訴えを提起することができるものと解される」との見解に従い、分割会社が説明等すべき内容等については、「分割会社及び承継会社等が講ずべき当該分割会社が締結している労働契約及び労働協約の承継に関する措置の適切な実施を図るための指針」（以下、「本件指針」といいます）に定めるものが合理性を有するといえるので、「本件において5条協議が法の定める趣旨に沿って行われたかどうかを判断するにあたっては、そ

れが本件指針に沿って行われたものであるか否かも十分に考慮されるべきである」としました。

　具体的な本件における 5 条協議の内容については、①5 条協議にかかる個別協議が当初予定されていたころに Y は後に新設会社の社長となる D 工場長を通じて X に退職勧奨を行っていたこと、②D 工場長は労働組合に加入した X に対して組合からの脱退を促す言動を行い、組合から脱退すれば退職勧奨を撤回して X の雇用を守ると発言したこと、③X は労働組合を脱退して、その後 X の労働契約が新設会社に承継されることが決定した旨が、X に通知されたことを認定し、このような事実経過から「そのような話合いの内容は、X が労働契約を新設会社に承継されることに関する希望の聴取とは程遠く、これをもって 5 条協議というに値するか甚だ疑問であるし、少なくとも、法が同協議を求めた趣旨に反することが明らかであると認められる」と判断しました。また、X による退職の意思表示や X、Y の労働契約の合意解約も認められないと判断しました。

Q4　判決が与える影響はどうでしょうか

　会社分割に伴う労働契約承継の場合、分割計画書に記載された後は、承継対象事業に主として従事する労働者は労働契約が分割後の新設会社に承継することに異議を述べる機会はありません。

　労働者保護の方法として 5 条協議は重要であり、一方、5 条協議の指針に従って実行することで会社分割に伴う労働契約承継が分割会社のみの意思決定で実行できます。労使の利害調整としての 5 条協議が誠実に実行されることが必要であることが改めて確認されました。

判決要旨

「一連の経過に鑑みれば、Xは、自身の労働契約について、D工場長との上記面談等を通じて、本件会社分割に伴う労働契約の承継に関する希望を聴取されたのではなく、むしろ、労働組合に加入したまま、冷遇されつつも、被告に対してリストラの不当性を訴えて争い続けるか、それとも、労働組合を脱退して新設会社の代表取締役に就任する予定であるD工場長の庇護の下で新設会社の従業員として勤務するかの選択を迫られる中で、後者の道を選ばざるを得ないと考えるに至ったにすぎないものといえる。」

「Xは、Yから本件会社分割の目的や、それによる労働条件の変更が特段ない旨を他の従業員と一緒に大まかに説明されてはいたものの、結局のところ、XとD工場長との間の個別の話合いにおいては、リストラや、労働組合に加入してリストラに抗うことでもって不利益を被る蓋然性が高いことを示唆される中で、労働組合を脱退することと引替えに労働契約の新設会社への承継の選択を迫られたにすぎず、そのような話合いの内容は、Xが労働契約を新設会社に承継されることに関する希望の聴取とは程遠く、これをもって5条協議というに値するか甚だ疑問であるし、少なくとも、法が同協議を求めた趣旨に反することが明らかであると認められる。」

ハマキョウレックス事件

―――――― 平30・6・1　最二小判

皆勤を奨励する趣旨で支給される皆勤手当、契約社員は正社員と必要性同様で差異は労契法20条違反

契約社員であるトラック運転手が無事故手当、作業手当、給食手当、住宅手当、皆勤手当、通勤手当、家族手当、賞与、定期昇給、退職金で相違があるのは労働契約法20条違反だとして、賃金の差額、予備的に損害賠償として差額相当額の支払いを求めた上告審です。1審では通勤手当のみ違法と認められましたが、原審ではこれに加え無事故手当、作業手当、給食手当が違法とされました。本件ではさらに皆勤手当も違法とされ、高裁に差し戻しました。

◇。。◇。。◇。。◇。。

$Q1$　どんな事件ですか

有期労働契約を締結してトラック運送会社Y（上告人、付帯被上告人）に契約社員トラック運転手として勤務しているX（被上告人、付帯上告人）が、無期労働契約を締結してYに勤務している労働者（以下、「正社員」といいます）との間で、無事故手当、作業手当、給食手当、住宅手当、皆勤手当、通勤手当、家族手当、賞与、定期昇給及び退職金（以下、これらを合わせて「本件賃金等」といいます）に相違があることが労働契約法20条に違反していると主張して、

(1)労働契約に基づきXがYに対して本件賃金等に関し、正社員と同一の地位にあることの確認を求め、(2)①主位的に正社員に支給された無事故手当、作業手当、給食手当、住宅手当、皆勤手当、通勤手当（以下、「本件諸手当」といいます）について、Xに支給された本件諸手当との差額の支給を求め、②予備的に、不法行為に基づき上記差額相当の損害賠償を求めた事件の上告審です。

契約社員であるXについて、正社員と比較すると、無事故手当、作業手当、給食手当、住宅手当、皆勤手当及び家族手当の支給がなく、賞与及び退職金の支給並びに定期昇給も原則としてないという相違があり、通勤手当についても、Yが規程を変更するまでの間は、交通手段及び通勤距離が同じ正社員と比較して通勤手当の支給が月額2,000円少ないという相違がありました。Xが勤務していた支店においては、トラック運転手の業務の内容には契約社員と正社員との間に相違はなく、当該業務に伴う責任の程度に相違があったとの事情もありませんでした。

一方、Yが定める就業規則では、正社員については出向を含む全国規模の広域移動の可能性がありますが、契約社員には配転または出向に関する定めはなく、就業場所の変更や出向は予定されていません。また、正社員は、公正に評価された職務遂行能力に見合う等級役職への格付けを通じて、従業員の適正な処遇と配置を行うとともに、教育訓練の実施による能力の開発と人材の育成、活用を行うことに資することを目的として、等級役職制度が設けられていますが、契約社員はこのような制度はありません。

原審では、XのYに対する請求のうち、本件諸手当のうち、無事故手当、作業手当、給食手当及び通勤手当の相違について労働契約法20条に違反し、相違があることについて不法行為と認め、損害賠償の支払いを命じ、その他の請求は棄却しました。これについて、Yが上告し、Xが付帯上告したのが本件です。

$Q2$ 何が争点となったのでしょうか

労働契約法20条の適用です。有期労働契約である契約社員と無期労働契約である正社員との間の本件賃金等の相違が「労働者の業務の内容及び当該業務に伴う責任の程度（以下、「職務の内容」といいます）、当該職務の内容及び配置の変更の範囲その他の事情」を考慮して不合理と認められるものに当たるかです。

Q3　判決の具体的な内容はどうだったのですか

　原審が認定した無事故手当、作業手当、給食手当及び通勤手当の相違に加えて皆勤手当についても、契約社員と正社員で相違があることは不合理な労働条件の相違と認めましたが、住宅手当の相違については不合理な相違には当たらないとしました。

　Xが正社員と同一の労働条件であることの確認を求めたことについて、労働契約法20条は「有期労働契約者について無期労働契約者との職務の内容等の違いに応じた均衡の取れた処遇を求める規定であり、文言上も、両者の労働条件の相違が同条に違反する場合に、当該有期契約労働者の労働条件が比較の対象である無期契約労働者の労働条件と同一のものとなる旨を定めていない」ことから、「有期契約労働者と無期契約労働者との労働条件の相違が同条に違反する場合であっても、同条の効力により当該有期契約労働者の労働条件が比較対象である無期契約労働者の労働条件と同一のものとなるものではないと解するのが相当である」として、地位確認請求や賃金支払い請求には理由がないとしました。

　一方、損害賠償請求については、労働契約法20条にいう「期間の定めがあることにより」とは、有期契約労働者と無期契約労働者との労働条件の相違が期間の定めの有無に関連して生じたものであることをいうものと解し、「不合理と認められるもの」とは、有期契約労働者と無期契約労働者との労働条件の相違が不合理であると評価することができるものであることをいうと解するのが相当であるとしました。そのうえで、住宅手当については、契約社員には就業場所の変更が予定されていないのに対し、正社員については、転居を伴う配転が予定されているため、契約社員と比較して住宅に要する費用が多額になり得ることから、正社員に住宅手当を支給して契約社員に支給しないという労働条件の相違は不合理であると評価できないとしました。

　一方、皆勤手当については、Yのトラック運転手について、契約社員と正社員とで職務の内容が異ならないことから、出勤を確保することの必要性については、職務の内容によって両者に差異が生ずるものではないとし、また、その必要性は配置転換の有無などの事情により異なるとはいえず、また契約社員の

昇給において皆勤の事実が考慮された事情もうかがわれないとして、契約社員に対する皆勤手当の不支給については不合理と認められるものに当たると判断しました。

$Q4$　判決が与える影響はどうでしょうか

　労働契約法20条の意義と労働条件の相違が不合理であることの判断方法及び不合理と判断された場合の救済方法について、基本となる最高裁の判断が示されたものです。すでに下級審では多数の労働契約法20条に関する訴訟が審理されていますが、それらの訴訟の判断を導く判決になると考えられます。今後の「同一労働同一賃金」に関する議論においても同様に基本となるものです。

判決要旨

　「上告人においては、正社員である乗務員に対してのみ、所定の皆勤手当を支給することとされている。この皆勤手当は、上告人が運送業務を円滑に進めるには実際に出勤するトラック運転手を一定数確保する必要があることから、皆勤を奨励する趣旨で支給されるものであると解されるところ、上告人の乗務員については、契約社員と正社員の職務の内容は異ならないから、出勤する者を確保することの必要性については、職務の内容によって両者の間に差異が生ずるものではない。」

長澤運輸事件

———————— 平30・6・1　最二小判

有期契約労働者が定年後再雇用されたのは労働契約法20条にいう「その他の事情」に当たり、労働条件の相違は不合理ではない

定年後再雇用され嘱託乗務員として勤務している有期契約労働者が同一業務であるにもかかわらず正社員と比べて賃金が異なるのは労働契約法20条の期間の定めを理由とする不合理な労働条件だとして、その差額支払いを求めた事件。判決は、差額の支払いを認めた1審判決を覆した原審の判断を支持しましたが、精勤手当のみ不合理と判断、高裁に差し戻しました。

◇□。◇□。◇□。◇□。

Q1　どんな事件ですか

セメント輸送等の輸送事業を営むＹ会社（被告、控訴人）に正社員として20年以上勤務し、平成26年3月31日と同年9月30日に定年退職して、それぞれ同日付で「嘱託乗務員」として有期労働契約を締結して勤務を継続していたＸ₁からＸ₃（原告、被控訴人、上告人）が、正社員トラック運転手との賃金格差（制度設計上は、正社員から嘱託乗務員への移行により平均21％減、実際の原告らの年収の平均引き下げ率は約29％）が不合理な労働条件であるとして、①主

位的請求として、当該有期労働契約による賃金の定めが労働契約法20条に違反し無効であるとして、正社員用就業規則による賃金の定めが適用される労働契約上の地位確認及び差額賃金の支払いを求め、②予備的請求として、正社員との賃金格差は労働契約法20条及び公序良俗に反し違法であるとして、不法行為（民法709条）に基づき、差額賃金相当額の損害賠償を求めた事件の上告審です。

　原審では、Ｘらの主位的請求を認めた第１審判決を覆し、定年後再雇用の有期労働契約にも労働契約法20条が適用されることは認めましたが、労働条件の差異が不合理かどうかを判断する３つの要素のうち、「③その他の事情」として、定年後再雇用では賃金が引き下げられる改定が行われることは通例であること、厚生年金や継続雇用給付金の支給が行われること、労使間で労働条件を交渉して改善が行われていること等を考慮して、定年後再雇用の嘱託乗務員の労働条件は全体として不合理なものとは認められないと判断し、Ｘらの請求がすべて退けられたため、Ｘらが上告しました。

$Q2$　何が争点となったのでしょうか

　定年後再雇用である嘱託乗務員の労働条件が正社員と相違することが不合理と認められるか、定年後再雇用であることを労働契約法20条の適用においてどのように判断するかです。また、労働条件の相違の判断方法（全体的に判断するか個別の労働条件ごとに判断するか）も争点となりました。

$Q3$　判決の具体的な内容はどうだったのですか

　定年後の嘱託乗務員における労働条件の差異は期間の定めの有無に関連したものであると認めました。労働契約法20条にいう「不合理と認められるもの」とは、有期労働契約者と無期労働契約者との労働条件の相違が不合理であると評価することができるものであることをいうと解するのが相当であるとして、本件では、嘱託乗務員及び正社員は、不合理か否かを判断する３つの考慮要素のうちの２つである「職務内容及び変更範囲」において相違はないと認めました。そのうえで、「労働者の賃金に関する労働条件は、労働者の職務内容及び変更範囲により一義的に定まるものではなく、使用者は、雇用及び人事に関する経営判断の観点から、労働者の職務内容及び変更範囲にとどまらない様々な事

情を考慮して、労働者の賃金に関する労働条件を検討するものということができる。そして、労働契約法20条は、有期労働契約者と無期労働契約者との労働条件の相違が不合理と認められるものであるか否かを判断する際に考慮する事情として『その他の事情』を挙げているところ、その内容を職務内容及び変更範囲に関連する事情に限定すべき理由は見当たらない」と述べました。

　定年制については、「使用者が、その雇用する労働者の長期雇用や年功的処遇を前提としながら、人事の刷新等により組織運営の適正化を図るとともに、賃金コストを一定程度に抑制するための制度ということができる」とし、定年前の無期契約労働者の賃金体系は定年までの長期雇用を前提に定められたものであることが少なくないこと、定年後の有期労働契約は長期間雇用することを予定していないこと、定年退職後に再雇用される有期契約労働者は、定年退職までの間は無期契約労働者として賃金を支給されていたものであり、一定の要件を満たせば老齢厚生年金の支給を受けることも予定されていることなどが定年後再雇用の有期契約労働者の賃金体系の在り方を検討する前提となっていると認めました。そのうえで、「有期契約労働者が定年退職後に再雇用されたものであることは、当該有期契約労働者と無期契約労働者との労働条件の相違が不合理と認められるか否かの判断において、労働契約法20条にいう『その他の事情』として考慮されることとなる事情に当たると解するのが相当である」としました。

　一方、「有期契約労働者と無期契約労働者との個々の賃金項目に係る労働条件の相違が不合理と認められるものであるか否かを判断するにあたっては、両者の賃金の総額のみを比較することのみによるのではなく、当該賃金項目の趣旨を個別に考慮すべきもの」として、嘱託乗務員に対して精勤手当が支給されないことについては、「精勤手当は、従業員の皆勤という事実に基づいて支給されるものであるから、嘱託乗務員に精勤手当を支給しないことが不合理でないということはできない」としました。そのため、超勤手当の計算において精勤手当を支給しないことを計算の基礎することも不合理と認められるとしました。そのほかの賃金項目については、住宅手当及び家族手当並びに賞与を含めて不合理と認められるものに当たらないと解するのが相当であるとしました。

Q4　判決が与える影響はどうでしょうか

　「職務内容及び変更範囲」が同一と認められる場合であっても、定年後の再雇用であることを「その他の事情」として考慮して、定年前の正社員と異なる労働条件を定めることを不合理とは認められないと判断しました（ただし、賃金項目ごとに労働条件の相違が不合理か否かを判断することを明確にし、精勤手当については不合理と認めました）。使用者の経営判断と団体交渉等による労使自治を重視した判断は妥当であり、今後の同種の訴訟の先例となるものです。

判決要旨

　「これらの事情を総合考慮すると、嘱託乗務員と正社員との職務内容及び変更範囲が同一であるといった事情を踏まえても、正社員に対して能率給及び職務給を支給する一方で、嘱託乗務員に対して能率給及び職務給を支給せずに歩合給を支給するという労働条件の相違は、不合理であると評価することができるものとはいえないから、労働契約法20条にいう不合理と認められるものに当たらないと解するのが相当である。」

ベルコ事件

平30・9・28　東京地判

会社が代理店契約を締結している法人に指示あっても商業使用人ではなく黙示の労働契約認められない

　冠婚葬祭事業を行っている会社と代理店契約を締結している法人の従業員が、代理店契約を他社と締結したことから、会社と商業使用人である法人が従業員を雇用することを委任したとして、また商業使用人でなくとも黙示の労働契約が成立していることなどを理由に労働契約上の地位にあることの確認と賃金の支払いなどを求めた事件です。判決は、会社が法人に対して指示を行っていたことを認めましたが、法人が商業使用人であったとは認めず、原告である従業員と会社の黙示の労働契約の成立も認めませんでした。その結果、地位確認などの請求をすべて棄却しました。

◇□。。◇□。◇□。◇□。。

Q1　どんな事件ですか

　冠婚葬祭互助会員の募集及び冠婚葬祭の請負等を行うＹ株式会社（被告）は全国の個人事業主及び法人と代理店契約及び業務執行委託契約（以下、「代理店契約」といいます）を締結し、特定の地域でＹの行う業務等を行わせていました。Ａは平成14年ころにＹとの間で代理店契約を締結し、Ｂ地域でＹの業務を行っていましたが、代理店契約は１年間の期間の定めがあり、更新されていま

した。X₁は平成21年4月から、X₂は平成20年4月からAと1年間の期間の定めのある労働契約を締結し、同契約は1年ごとに更新されていました。Xらは葬祭執行に従事するとともに、葬儀に出席したものに対し、互助会契約の勧誘等の営業活動を行っていました（以下、Xらの担当していた業務を「FA職」といいます）。

平成27年2月、Yとの間で代理店契約を締結していたC株式会社はAが担当していたB地域での業務を引き継ぐことになり、同日ころ、CはAの従業員のうちXら以外の者との間でそれぞれ労働契約を締結しましたが、Xらとの間ではいずれも労働契約を締結しませんでした。

XらはYに対して、労働契約上の権利を有することを確認すること及び賃金の支払いと過去の時間外割増手当の支払いを請求する訴訟を提起しました。

$Q2$　何が争点となったのでしょうか

XらとYの間に労働契約が成立していたかです。Xらは主位的に、①Yが商業使用人であるAに対してYの従業員を雇用することを委任し、AがYのためにXらと労働契約を締結したことによって当該労働契約の効果がYに帰属した、また仮にAが商業使用人ではなく代理商であったとしても、予備的に、②XらとYとの間には黙示の合意による労働契約が成立している、③Yは代理商という法形式を濫用してAら代理商を意のままに支配しているからAが代理商であることを理由として使用者としての責任を免れることはできないと主張しました。

$Q3$　判決の具体的な内容はどうだったのですか

判決ではXらとYとの間に労働契約上の地位を認めず、Xらの請求をすべて棄却しました。

AがYの商業使用人であったかについては、Yが具体的な営業方法についてAに指示伝達することはなかったこと、Aの労働時間、代理店の事務所所在地については代理店契約において定められていないこと、Aは代理店の収入となる各種手数料のほか、自らの年金収入の中からも支弁して事務所の賃料その他の経費を負担していたことなどを認定して、「Aは、自己の計算によって業務を

遂行していたのであり、その報酬額は、労務それ自体と対比するものではなく、労務の成果と対応したものであるといえる」と判断し、「Aについては、業務の方針や成果に関しては細部にわたってYから指示があり、これを拒否することは相当程度困難であった一方で、具体的な労務の遂行方法や労務の時間、場所については一定程度の裁量があったということができ、業務の代替性は乏しいものの、その業務を自己の計算によって行い、報酬額が労務の成果と対応しているものである。したがって、AはYに従属し、Yに使用されて労務を提供しているとはいえないから、AがYの使用人であるということはできない」としました。また、YがAの従業員に対して、直接の業務指示を行っていたと認められるに足りる証拠はないとしました。

　Xらとしとの間で黙示の労働契約が成立していたかについては、「Xらの勤務時間、勤務場所及び勤務の具体的態様についての指揮命令は、葬儀場における一般的準則や葬儀施行の際の個別具体的な指示を除けば、ほぼAが行っており、Xらはこれに基づいてFA職の労務を提供していたとみるべきである。そして、その賃金の計算方法はAが定めており、社会保険料等の納付、所得税の源泉徴収といった労働者を使用する事業者が行うべき義務をAないし本件合同会社（注：Aが設立した会社）が履行していたのである。そうとすれば、Yが、Xらに対し、労務に関する指揮命令を行い、その対価として報酬を支払ったとみることはできないから、XらとYとの間で黙示の労働契約が成立していたということはできない」と判断しました。

　さらに、Aが代理商であると主張することが信義則違反ないし権利濫用といえるかについては、Yが代理店主を意のままに支配し管理することができる地位にあったということはできないし、Aの経営状態が悪化していたことを理由としてAの後任を探すように求めたのであってXらの労働組合活動に対して不利益な取り扱いをすることを目的としていたとは認められないとして、YがAが独立した人格を有する代理商であることを主張することが信義則違反または権利濫用であることをうかがわせる事情はないとしました。

Q4 判決が与える影響はどうでしょうか_____

　全国で事業を行うYが、Aのような多数の代理商を組織的に運営していたこ

とは明らかですが、各代理商が独立した事業者と認められたことにより、Ｘら
とＹとの間には労働契約の成立が認められませんでした。ＸらとＹとの間に労
働契約がないと判断されたことについて、さらに控訴審での判断が注目されま
す。

判決要旨

　「Ｘらは、〈1〉ＦＡ職の求人募集広告や不採用通知が一般的にＹ名義
で行われていること、〈2〉パート従業員採用の際に被告が統一させた就
業規則と短期雇用契約書に基づいていたこと、〈3〉書式が統一された誓
約書を徴収していたことを主張する。しかし、Ｘら各自は、Ａとの間で
Ａ代理店を相手方とする労働契約書を作成しており（前記認定事実（5）
イ）、ＦＡ職として勤務する際の労働契約に係る意思表示は、Ａに対して
行ったとみざるを得ない。また、上記〈1〉及び〈3〉の各事実はいず
れも労働契約締結前の名義や文書の体裁をいうものであり、そのことか
らＹによる指揮命令があったとみるべきものでないし、上記〈2〉の事
実はパート従業員についてのものであり、Ｘらの労務とは無関係である
から、ＸらとＹとの間の雇用関係を推認させるものではない。」

ミヤイチ本舗事件

平30・10・17　東京高判

元運転代行業務従事者2人の労働者性を認め未払い残業代・遅延損害金・付加金の支払い命じる

運転代行業を営む会社で運転代行業務に従事していた2人が、会社との間で雇用契約を締結していたと主張し、未払い賃金及びこれに対する遅延損害金、未払い残業代、付加金などの支払いを求めていた事件。第1審は、2人の労働者性を否定し、残業代・付加金の請求を棄却し、未払い賃金については一部認容しました。控訴審の本件判決では、2人と会社の関係を労働契約に基づくものと認め、第1審の判断を変更しました。

◇◦｡◇◦｡◇◦｡◇◦｡

Q1　どんな事件ですか

X₁（原告、控訴人）は平成24年7月ころから同26年3月15日まで、X₂（原告、控訴人。以下、X₁と合わせて「Xら」といいます）は平成24年5月22日から同26年3月15日まで、いずれも運転代行業などを業とするY株式会社（被告、被控訴人）において運転代行業務に従事していました。XらはYとの間で雇用契約を締結していたと主張して、いずれも、①平成26年2月分と3月分の賃金のうち未払い合計額と平成26年4月16日から支払い済みまで賃金の支払い確保等に関する法律（以下、「賃確法」といいます）6条所定の年14.6％の割合

による遅延損害金、②未払い残業代（X₁は合計501万6840円、X₂は合計134万2606円）とこれに対する訴状に代わる準備書面送達の日の翌日である平成27年5月15日から支払い済みまで商事法定利率年6％の割合による遅延損害金、③労働基準法114条に基づく付加金として未払い残業代と同額とこれに対する本判決確定の日の翌日から支払い済みまで年5分の割合による遅延損害金の支払いを請求しました。YはXらとの契約は雇用契約ではなく業務委託契約であると主張して、Xらの請求を争いました。

　第1審ではXらが労働者に当たるとはいえないと判断して、Xらの②③の請求を棄却し、①については請求された元本額と商事法定利率による遅延損害金のみ認容しました。これに対し、Xらが控訴しました。なお、控訴する際には未払い残業代及び付加金の請求額を減縮しました。

$Q2$　何が争点となったのでしょうか

　XらとYとの契約関係は雇用契約と認められるか（争点1）、未払い賃金が存在するか（争点2）及び未払い残業代が存在するか並びに付加金の支払いが相当か（争点3）です。

$Q3$　判決の具体的な内容はどうだったのですか

　争点1について、XらとYとの契約関係は雇用契約であると認めて、争点2について①の請求額に賃確法に基づく遅延損害金の支払いを認め、争点3については、②Xらの時間外労働と認められる時間に対応する未払い残業代を認定し、請求③について②の請求で認めた未払い残業代の元本と同額の付加金の支払いを認めました。

　第1審と異なり、本判決でXらとYとの間の契約関係が雇用契約であると認められたのは、次の理由によります。

　XらはYの下で運転代行業務への従事を開始するに当たり、「代行本舗　就業規則」と題する書面に署名捺印してYに提出し、同書面の内容について同意し承諾することとされていました。同書面には、「この規則は、代行本舗の服務規律、その他の条件および就業に関する事項を定めたものであること、この規則に定めのない事項については、労働基準法その他の法令の定めるところによ

ること、従業員はこの規則を守り、社業の発展に努めなければならないこと、従業員は、勤務中は職務に専念し、みだりに勤務の場所を離れないこと」との記載があり、また、勤務時間として、平日（月〜木）、金・土・祝前日、日・祝日のそれぞれの時間が定められていました。業務に従事するに当たっては、「代行本舗　社内遵守事項」に始業時間の厳守が定められており、また、Ｙの代表者は従事者に対して、午後7時から営業できるようにするため、その少し前に事務所に来て、車の整備その他の事前準備を済ませておくように指示していました。

このような事実に基づき、控訴審の本判決では「Ｘらは、業務遂行にあたって、仕事開始時間、待機の場所等について具体的に指示され、時間的場所的拘束を受けるだけでなく、Ｙの指示に従う義務を課されるなど、Ｙの包括的な指揮監督に服していた」と認めました。また、シフト表に従った勤務ができない場合にはＹの許可が必要で許可なしに勤務しなかった場合には「代行本舗　社内遵守事項」に基づいて最高で1日2万円の制裁が科せられることから「各月の運転代行業務について、Ｘらに諾否の自由があったとは認められない」とし、Ｙの決算報告書において、Ｘらに対する支払いを業務委託料ではなく給与手当として計上していることからも、ＹのＸらとの関係を雇用関係であると理解していたとうかがわれるとしました。これらの諸事象を総合し、ＸらとＹとの関係は労働契約に基づくものというべきであるとしました。

労働契約関係が認められたことから、未払い賃金に対する遅延損害金は賃確法に定める14.6％の割合によることを認めました。また、労働時間について、始業時刻は営業開始時刻の30分前とし、終業時刻については、Ｘらの勤務の内容から各日ごとに認定して労働時間を算出して未払い残業代を認定しました。そのうえで、付加金の支払いも「本件事案の内容及び性質にかんがみ」命ずることとしました。

$Q4$　判決が与える影響はどうでしょうか

第1審では、本判決と同様の事実に加えて、Ｘら以外の業務従事者が業務委託契約を締結していたこと、Ｘらの業務内容が業務委託契約を締結している者と変わらないこと、Ｘらの報酬が原則として完全歩合制であること、社会保険

料の控除等が行われていなかったことを理由に、Ｘらとの関係が労働契約であることを否定しました。

　労務提供を行う当事者間の契約関係が労働契約であるか否かは、労働基準法等の適用の有無にかかわる重要な判断であり、本件で契約の形式よりも勤務の実態を重視した判断が行われたことは、働き方が多様化する中で労働者保護を図るものとして重要です。

判決要旨

　「事業主が、賃金の支払の遅滞についてその賃金の全部又は一部の存否に係る事項に関し、合理的な理由により、裁判所又は労働委員会で争っている場合には、その事由の存する期間について同利率は適用されないが（同法6条2項、同法施行規則6条4号）、被控訴人は、控訴人甲野との契約は業務委託契約であると主張して本件において争っているものの、前記説示のとおり、被控訴人は就業規則への署名押印を求め、決算書においても給料手当として計上しながら、業務委託契約であると主張しているのであって、その主張に合理的理由は認められない。そうすると、施行規則6条4号の事由があるとは認められないから、同法6条1項所定の利率を適用すべきであり、未払賃金に係る年14.6％の割合による遅延損害金請求は理由がある。」

社会福祉法人北海道社会事業協会事件

令元・9・17　札幌地判

HIVに感染していることの不告知を理由とする採用内定取消しは違法で不法行為を構成する

HIVに感染している原告が、病院の求人に応募し内定を得た後に取り消されたことから、内定取消しは違法であり、病院が保有していた原告の医療情報を目的外利用したことはプライバシーの侵害に当たるとして、330万円の損害賠償と遅延損害金支払いを求めた事件。判決は、HIV感染の不告知を理由とする内定取消しは違法と認め、また、医療情報を目的外利用したことは個人情報保護法に違反し、不法行為を構成すると認めました。

◇。◇。◇。◇。

Q1 どんな事件ですか

　ヒト免疫不全ウイルス（HIV）に感染しているX（原告）が、病院を経営するY（被告）の求人に応募して内定を得た後に、内定を取り消されたこと（以下、「本件内定取消し」といいます）について、①本件内定取消しは違法である、②Yがその経営する病院が保有していたXに関する医療情報を目的外に利用したことがプライバシー侵害に当たると主張して、不法行為に基づきYに対して金330万円の損害賠償と不法行為日から支払いまで民法所定の年5分の割合による遅延損害金の支払いを求めた事案です。

Q2　何が争点となったのでしょうか

　本件内定取消しの適法性（争点１）、プライバシー侵害による不法行為の成否（争点２）及び損害額（争点３）です。

　争点１について、YはXがHIVに感染していることが理由ではなく、職場に平然とうそをつく人物であることから信頼関係を築くことが困難であると判断したためであると主張しました。Yが医療機関であることから、従業員の１人がHIVに感染しているという情報はYにとって極めて重要な事実であり、XがHIV感染の事実を申告しないことの必要性、許容性は認められないにもかかわらず、Xは面接の際にうそをつき、別にYの総務課職員から問い合わせを受けた際にもうそをついたので、YはXと信頼関係を築くことが困難であると判断し、本件内定取消しを行ったのであって、本件内定取消しには合理的理由と社会的相当性があり、適法であると主張しました。これに対しXは、XがHIV感染者であるという事実はYが保有するXの医療記録に記載されていたにすぎないもので、当該事実は労務管理や採用目的等の他目的に利用することは許されない事実で、採用内定当時にYが知ることができずまた知ることが期待できない事実であると主張しました。HIV感染者であるという事実は、特に配慮を要する極めて秘匿性、要保護性の高い個人情報であり、HIV感染者であることを採用に当たって調査すること自体が禁止されており、面接においてXが秘匿する必要性の高い事実であり、不告知の必要性があったと主張しました。また、HIVは日常の職場生活においては感染しないし、Xが無症状の感染者にすぎず、抗ウイルス薬の内服によってウイルス量は検出感度以下になっており、業務を通じて他者に感染する可能性が皆無であったことを考慮すると、HIV感染者であることがYの業務に支障を与える可能性は皆無であり、本件内定取消しは違法と主張しました。

　争点２について、Xは、前述のとおり、極めて秘匿性、要保護性の高い個人情報であるHIV感染に関する医療情報を、本人の同意を得ないまま使用した場合にはプライバシー侵害の不法行為が成立すると主張しました。特にYが保有していたHIV感染に関する医療情報を本来の目的である健康管理や診療の範囲を超えて、採用活動の資料として使用したことは個人情報保護法16条１項が禁

止する個人情報の目的外利用に当たり、このような利用に客観的かつ合理的な理由は存在しないと主張しました。YはXの採用時検診を行う医師に提出するためにXの医療記録を引き出したところ、HIV感染の事実を把握したが、使用者として知るところになったのはやむを得ない事情によるもので、Xに質問したことに正当な理由があり、また、その事実を外部に漏洩していないので、不法行為は成立しないと主張しました。

争点3については、Xは慰謝料として300万円、弁護士費用として30万円が相当因果関係のある損害であると主張しました。

$Q3$　判決の具体的な内容はどうだったのですか

165万円の限度でXの請求を認めました。

争点1については、「HIVに感染している事実は、極めて秘匿性が高く、その取り扱いには極めて慎重な配慮が必要であるというべきである」とし、「XがYに対しHIV感染の事実を告げる義務があったということはできない」と認めました。したがって、不告知を理由とした内定取消しは許されないとしました。XがYの職員から持病について質問された際にHIV感染の事実を否定する虚偽の発言に及んだことも、「今もなおHIV感染者に対する差別や偏見が解消されていない我が国の社会状況をも併せ考慮すると、これをもってXを非難することはできない」としました。さらに、業務を通じたHIV感染の可能性を想定しがたいことなどから、Yによる本件内定取消しについて客観的に合理的な理由が存在し社会通念上相当として是認することができる場合に当たるということはできず、違法であってXに対する不法行為を構成すると認めました。

争点2についても、「個人情報であるXの医療情報の目的外利用として個人情報保護法16条1項に違反する違法行為であるというべきである。そして、本件利用により、本来Xの診療や治療に携わる者のみが知ることができたXの医療情報が、採用担当者等にも正当な理由なく拡散されたのであるから、これによりXのプライバシーが侵害されたものであって、本件利用はXに対する不法行為を構成するというべきである」と認めました。

なお、争点3の損害額については慰謝料150万円、弁護士費用15万円の限度で相当としました。

$Q4$　判決が与える影響はどうでしょうか

　疾病に関する情報は個人情報の中でも特に取り扱いに配慮を要するものです。採用に当たってHIV感染の事実を問いただすことも認められませんし、たまたまこれを知ったとしても採用の決定に考慮すべき情報ではありません。業務遂行に影響がないと考えられる医療情報の取り扱いを誤ることが不法行為を構成することに注意が必要です。

判決要旨

　「被告病院の一連の行為は、患者に寄り添うべき医療機関の使命を忘れ、HIV感染者に対する差別や偏見を助長しかねないものであって、医療機関に対する信頼を裏切るものといわざるを得ない。原告が『一番病気のことを知っているはずの医療機関からそのようなことを受けたことに対して、がく然としました。』（原告本人〔10、11〕）、『私の人権を被告の病院に殺されました。』（原告本人〔10〕）と訴えるように、原告の精神的苦痛は甚大であったと認めるのが相当である。

　以上によれば、本件内定取消し及び本件利用によって原告に生じた精神的苦痛を慰謝する額としては、150万円をもって相当と認める。」

朝日建物管理事件

期間満了により労働契約終了の効果が発生するか否か判断せず契約上の地位を認容した部分を破棄

有期契約を4回更新してきた者が期間満了前に解雇されたことから、労働契約上の地位確認等を求めて提訴しました。1審判決は、解雇には労働契約法17条の「やむを得ない事由がある」とはいえず解雇無効としました。2審は、使用者側が、控訴審において、労働契約が期間満了により終了したことを抗弁として主張する控訴理由書を提出したことについて、時機に遅れた攻撃防御方法として却下し、1審判決を維持しました。本判決は、労働契約終了の効果が発生するか否かを判断することなく、地位確認などを認容した部分は是認できないとし、原告の労働契約上の地位の確認請求等を破棄し、2審に差し戻しました。

◇。◇。◇。◇。

Q1 どんな事件ですか

X（原告、被控訴人、被上告人）はY会社（被告、控訴人、上告人）との間で、期間の定めのある労働契約を締結して就労していました。X、Y間の労働契約は平成22年4月1日から1年間の期間を定めて締結され、その後、同内容で4回更新されて、最後の更新において、労働契約期間は平成26年4月1日か

ら同27年３月31日までとされました（以下、「本件労働契約」といいます）。Ｙは平成26年６月６日、Ｘに対し、同月９日付で解雇する旨の意思表示（以下、「本件解雇」といいます）をしました。

　Ｘは、平成26年10月25日、Ｙに対し労働契約上の地位の確認及び本件解雇の日から判決確定の日までの賃金の支払いを求める本件訴訟を提起し、第１回口頭弁論期日において、最後の更新後の本件労働契約が、契約期間を同年４月１日から同27年３月31日までとする有期労働契約である旨の訴状記載の事実を主張しました。第１審では平成29年１月26日に口頭弁論が終結し、同年４月27日にＸの請求を全部認容する判決が言い渡されました。同判決では、本件労働契約が有期労働契約であることを前提として、本件解雇には、労働契約法17条１項にいう「やむを得ない事由がある」とはいえず、本件解雇は無効であるとし、Ｘが労働契約上の権利を有する地位にあるというべきであるとしました。

　Ｙは控訴審（原審）において、本件労働契約が期間満了により終了したことを抗弁として主張する旨の控訴理由書を提出しました。ＸはＹの抗弁は時機に遅れた攻撃防御方法として却下されるべきである旨を申し立てるとともに、雇用継続への合理的期待が認められる場合は、解雇権濫用法理が類推され、契約期間の満了のみによって有期労働契約が当然に終了するものではないところ、本件労働契約についても契約期間が満了した後に契約更新があり得ないような特段の事情はないから、その後においても本件労働契約は継続していると主張しました。原審ではＹの主張は時機に遅れた攻撃防御方法に当たるとしてこれを却下し、第１審同様本件解雇は無効であるとして、本件労働契約が契約期間満了により終了の効果が発生するか否かについては判断することなく、Ｘの請求を全部認容すべきとの判断をしました。Ｙがこの判決を不服として上告したのが本件です。

$Q2$　何が争点となったのでしょうか

　有期労働契約が契約期間の途中で解雇され、その解雇の効力が争われる裁判が係属中に、有期労働契約期間が満了した場合、契約期間満了による労働契約終了の効果が発生するか否かをどのように考慮すべきかです。本件労働契約が有期労働契約であることが明らかであり、第１審の口頭弁論終結前に労働契約

期間が満了していましたが、第1審ではその点は審理の対象とされず、原審でも労働契約が期間満了により終了したという主張は時機に遅れた攻撃防御方法として排除されてしまいました。

$Q3$　判決の具体的な内容はどうだったのですか

　Xの労働契約上の地位の確認請求及び平成27年4月1日以降の賃金の支払い請求を認容した部分が破棄され、原審に差し戻されました。最高裁判決では、原審の判断について、「契約期間の満了により本件労働契約の終了の効果が発生するか否かを判断することなく、Xの労働契約上の地位の確認及びその契約期間が満了したのちである平成27年4月1日以降の賃金の支払い請求を認容した部分は是認することができない」と判断しました。その理由として、「最後の更新後の本件労働契約の契約期間は、Xの主張する平成26年4月1日から同27年3月31日までであるところ、第1審口頭弁論終結時において、上記契約期間が満了していたことは明らかであるから、第1審は、Xの請求の当否を判断するにあたり、この事実をしんしゃくする必要があった」と述べました。また、原審においては労働契約期間満了により終了するとの主張は時機に遅れた攻撃防御方法として却下されましたが、第1審においてしんしゃくすべき事実をYが指摘したことは時機に遅れた攻撃防御方法の提出に当たるということはできず、また、これを却下したからといって、原審においても期間満了の事実をしんしゃくせずにXの請求の当否を判断することができることとなるものではないとしました。結論として「原判決中、労働契約上の地位の確認請求及び平成27年4月1日以降の賃金の支払い請求を認容した部分は破棄を免れない。そして、Xが契約期間の満了後も本件労働契約が継続する旨主張していたことを踏まえ、これが更新されたか否かについてさらに審理を尽くさせるため、同部分につき本件を原審に差し戻すこととする」となりました。

$Q4$　判決が与える影響はどうでしょうか

　有期労働契約が解雇された事件の場合、裁判係属中に労働契約期間が満了することにより、期間満了による労働契約の終了の効果が発生することになります。解雇された労働者側は、労働契約期間の満了後にも労働契約が更新されて

継続することを主張する必要がありますし、その更新の可能性については解雇
の効力とは別に審理するべき事由になります。有期労働契約の特徴を踏まえて
訴訟活動を行う必要があります。

判決要旨

　「原審は、最後の更新後の本件労働契約の契約期間が満了した事実を
しんしゃくせず、上記契約期間の満了により本件労働契約の終了の効果
が発生するか否かを判断することなく、原審口頭弁論終結時における被
上告人の労働契約上の地位の確認請求及び上記契約期間の満了後の賃金
の支払請求を認容しており、上記の点について判断を逸脱したものであ
る。」

第2部

賃金・労働条件

テックジャパン事件

平24・3・8　最一小判

月180時間前提の基本給、時間外の割増賃金の支払い別途必要

労働時間が1ヵ月180時間を超えた場合は、1時間当たり2,560円支払うが、1ヵ月140時間に満たない場合は、1時間につき2,920円を控除するとしていた賃金制度で、労働者が法定労働時間を超えた分の割増賃金額と付加金の支払いを求めた事件です。最高裁は時間外手当の必要性を認め、高裁に差戻しました。

◇□。◇□。◇□。◇□。

Q1 どんな事件ですか

人材派遣会社であるＹ社（被告、附帯控訴人、被上告人）の派遣労働者として就労していたＸ（原告、控訴人、上告人）が平成17年5月から同18年10月まで（以下、「請求期間」といいます）の法定時間外労働に対する賃金の支払いとこれに対する付加金の支払いを求めた事件です。原審（東京高裁平成21年3月25日判決）では、ＸＹ間の労働契約において、月額の基本給を41万円と定め、1ヵ月間の労働時間の合計（以下、「月間総労働時間」といいます）が180時間を超えた場合にはその超えた時間につき1時間当たり2,560円を支払うが、月間総労働時間が140時間に満たない場合はその満たない時間につき1時間当たり2,920円を控除する旨の約定がなされていたと認定しました。そのうえで、原審

では、Xは請求期間の各月に1週間当たり40時間または1日当たり8時間を超える時間外労働を行ったことは認めましたが、月間総労働時間が180時間を超えた月は1回のみであり、時間外労働に対する賃金の支払いは月間180時間を超える月の労働時間のうちその超える部分の時間外労働に対する時間外割増手当の請求は認容すべきであるが、その余の時間外労働に対する請求は棄却すべきであるとし、付加金の支払いも認めませんでした。そのため、Xが原審判決を不服として上告した事件です。

Q2 何が争点となったのでしょうか

X、Yの労働契約において41万円の基本給の中に月間180時間までの労働時間中の時間外労働に対する時間外割増手当が実質的に含まれていたといえるかです。

Q3 判決の具体的な内容はどうだったのですか

判決では、以下の理由から41万円の基本給の中に月間総労働時間180時間までのうちの時間外労働に対する時間外割増手当が含まれているとは認められないとしました。その理由は、①月間総労働時間180時間以内の労働時間中の時間外労働がされても、基本給自体の金額が増額されることはないこと、②上記約定においては、月額41万円の全体が基本給とされており、その一部が他の部分と区別されて労働基準法37条1項の規定する時間外の割増賃金とされていたなどの事情はうかがわれないこと、③月によって勤務すべき日数が異なることなどにより、月間総労働時間のうち時間外労働時間は相当変動するものと認められ、月額41万円の基本給について、通常の労働時間の賃金に当たる部分と時間外の割増賃金に当たる部分とを判別することはできないことです。

櫻井龍子裁判官の補足意見では、時間外割増手当の支払いを怠ると使用者が刑事罰を受けることもあることに触れたうえで、使用者が割増の残業手当を支払ったか否かは、罰則が適用されるか否かを判断する根拠となるものであるため、時間外労働の時間数及びそれに対して支払われた時間外割増手当の額が明確に示されていることを法は要請しているといわなければならないとして、通常の労働時間に当たる部分と時間外及び深夜の割増手当に当たる部分とを判別

できることが必要であると述べました。結果として本件の基本給41万円はXに適用される就業規則に基づいて定められた通常の労働時間に対する賃金として、時間外割増手当については1週間当たり40時間、1日当たり8時間を超える時間外割増手当全額の支払いが必要であるとしました。

$Q4$　判決が与える影響はどうでしょうか

　時間外割増手当の支払い方法として、毎月定額の時間外割増手当の支払いを行うこととすることは直ちに違法となるものではありませんが、必ず時間外割増手当である趣旨が明確となっていること、基本給から区分されていること、定額支払いで対応する時間外労働の時間数が明確であること及び時間外労働等の時間数の合計が定額払いの分を超える場合は正確に追加の時間外割増手当の支払いがなされていることが必要となります。

判決要旨

　「本件雇用契約は、基本給を月額41万円とした上で、月間総労働時間が180時間を超えた場合にはその超えた時間につき1時間当たり一定額を別途支払い、月間総労働時間が140時間に満たない場合にはその満たない時間につき1時間当たり一定額を減額する旨の約定を内容とするものであるところ、この約定によれば、月間180時間以内の労働時間中の時間

外労働がされても、基本給自体の金額が増額されることはない。

　また、上記約定においては、月額41万円の全体が基本給とされており、その一部が他の部分と区別されて労働基準法（平成20年法律第89号による改正前のもの。以下同じ。）37条１項の規定する時間外の割増賃金とされていたなどの事情はうかがわれない上、上記の割増賃金の対象となる１か月の時間外労働の時間は、１週間に40時間を超え又は１日に８時間を超えて労働した時間の合計であり、月間総労働時間が180時間以下となる場合を含め、月によって勤務すべき日数が異なること等により相当大きく変動し得るものである。そうすると、月額41万円の基本給について、通常の労働時間の賃金に当たる部分と同項の規定する時間外の割増賃金に当たる部分とを判別することはできないものというべきである。

　これらによれば、上告人が時間外労働をした場合に、月額41万円の基本給の支払を受けたとしても、その支払によって、月間180時間以内の労働時間中の時間外労働について労働基準法37条１項の規定する割増賃金が支払われたとすることはできないというべきであり、被上告人は、上告人に対し、月間180時間を超える労働時間中の時間外労働のみならず、月間180時間以内の労働時間中の時間外労働についても、月額41万円の基本給とは別に、同項の規定する割増賃金を支払う義務を負うものと解するのが相当である（最高裁平成３年（オ）第63号同６年６月13日第二小法廷判決・裁判集民事172号673頁参照）。」

（補足意見）

　「使用者が割増の残業手当を支払ったか否かは、罰則が適用されるか否かを判断する根拠となるものであるため、時間外労働の時間数及びそれに対して支払われた残業手当の額が明確に示されていることを法は要請しているといわなければならない。そのような法の規定を踏まえ、法廷意見が引用する最高裁平成６年６月13日判決は、通常の労働時間の賃金に当たる部分と時間外及び深夜の割増賃金に当たる部分とを判別し得ることが必要である旨を判示したものである。」

ワークフロンティア事件

時間数と金額を明示した固定時間外割増手当は有効

　時間外割増賃金が支払われていないとして労基署から是正勧告を受けた会社が、それまでの時間外割増賃金を清算し確認書を交わしました。その後は基本給の中に時間数と金額を明示して固定割増賃金を定めましたが、労働者側が過去の時間外割増賃金を請求。さらにその後の固定残業手当が基本給だとして別途割増賃金を請求した事件です。判決は過去の分は確認書によって放棄されているとして認めず、固定残業手当も明確に区分されているとして請求を認めませんでした。

◇□。◇□。◇□。◇□。

Q1　どんな事件ですか

　産業廃棄物の収集運搬を主たる業務とするＹ社に勤務し、産業廃棄物の収集の際の見積もり、トラック運転、産業廃棄物の収集運搬等の現場サービス業務に従事していたＸら９名が、時間外割増手当等の支払いを求めた事件です。本件では多くの争点がありますが、過去分の割増賃金の取り扱いと固定時間外割増手当の効力について解説します。

　Ｙ社では平成20年６月に所轄の労働基準監督署から割増賃金の支払い及び労働時間管理について是正勧告がなされるまで時間外割増手当の支払いが行われ

ていませんでした。上記の是正勧告を受けて、同年7月、Y社は社会保険労務士の提案を受けて、過去の未払い賃金の算定と清算を行うこと、労働時間管理や割増賃金の支払いに関する労務管理体制の整備を行うことにしました。

　平成20年9月、Xらは同年2月から5月分までと同年6月から7月分までの2回に分けて時間外・休日労働時間及びその時間に対する未払い賃金の額を自由な意思に基づき了承し、当該未払い割増賃金を受了したことを確認する書面に署名捺印したうえでY社に提出しました。

　平成20年8月1日以降の賃金等の定めについて、Y社はXらに対して労働条件通知書を交付し、同通知書の「基本給」の項目には各自の金額と合わせて「時間外労働45時間分の固定割増賃金○○円（筆者注：各自の基本給と固定割増賃金額は具体的に記入されている）を含む」との記載がありました。

　Xらは確認書を提出した期間及び固定割増賃金が通知された期間を合わせて、過去の割増賃金等の支払いを求めてY社を提訴しました。

Q2　何が争点となったのでしょうか

　過去分の割増賃金について自由な意思で作成された確認書の効力と基本給の一部として含まれる固定時間外割増手当の有効性です。

Q3　判決の具体的な内容はどうだったのですか

　判決では、Xらが作成した確認書について、Xらの自由な意思によるものと認めるに足りる合理的な理由が客観的に存するといえるとして、割増賃金債権放棄の意思表示として有効と判断しました。割増賃金債権放棄が労働基準法37条に反するかについては、「あらかじめ将来の割増賃金について労働者がこれを放棄することは労基法37条に違反し許されないというべきであるが、既に発生済みの割増賃金を、労働者がその自由な意思に基づき放棄することは何ら労基法には反しないと解される」とし、この点に関するXらの請求を認めませんでした。

　また、基本給の中に45時間分の時間外割増手当を含むとすることについては、「その基本給のうち割増手当に当たる部分が明確に区分されて合意され、労基法所定の計算方法による額がその額を上回るときはその額を支払うことが合

意されている場合、当該合意は労基法に反するものではなく有効と解される」
とし、Y社とXらとの間では労働条件通知書記載のとおりの内容で基本給の中
に固定時間外割増手当を含める旨の個別合意が成立していたと認めました。

$Q4$　判決が与える影響はどうでしょうか

　時間外割増手当の支払いを行ってこなかった使用者が労基署からの是正指導
を受けた際に、労働者から確認書を受領して過去分の清算をしておくことが有
効と認められることにより、過去の時間外割増手当の問題を速やかに解決する
ことができます。ただし、確認書等を作成する労働者が内容をよく理解し自由
な意思に基づいて割増賃金債権の放棄を行うことが重要です。

　固定の時間外割増手当の支払いについては基本給とは別に給与項目を設けて
行うことを求める判決もありますが、本件では基本給の一部に時間数と金額を
明示して含ませることも有効としました。もちろん、固定支給額を上回る支払
いが必要となる場合には追加支給が必要です。それを怠ると本件のようにさら
に時間外割増手当の支払いを求める訴訟につながりますし、判決では付加金の
支払いを求められることになるので注意が必要です。

判決要旨

　「あらかじめ将来の割増賃金について労働者がこれを放棄することは労基法37条に違反し許されないというべきであるが、既に発生済みの割増賃金を、労働者がその自由意思に基づき放棄することは何ら労基法には反しないと解される。」

　「仮に、原告Xら3名につき平成20年7月分以前の未払割増賃金が存するとしても、原告Xら3名は自らの意思表示により当該債権を放棄したものと言うべきであるから、その余の点につき判断するまでもなく、平成20年7月分以前の未払割増賃金の支払を求める原告Xら3名の請求は理由がない。」

　「基本給の中に割増賃金を含める旨の合意について、その基本給のうち割増賃金に当たる部分が明確に区分されて合意され、労基法所定の計算方法による額がその額を上回るときはその額を支払うことが合意されている場合、当該合意は労基法に反するものではなく有効であると解される。」

　「被告と原告らとの間においては、各労働条件通知書（〈証拠略〉）記載のとおり、基本給の中に固定割増賃金を含める旨の個別合意が成立しており、かつ、それらの個別合意は有効であると解するのが相当である。」

ビソー工業事件

——————————— 平25・3・13　仙台高判

仮眠・休憩時間中は原則的に労働時間に当たらず、実際に作業した時間のみが労働時間

　病院で警備を行っていた警備員らが、仮眠・休憩時間中も突発業務などに対応する必要があったので労働から解放されていない待機時間だとして時間外割増賃金の支払いなどを求めて提訴した事件。1審判決はこれをすべて労働時間と認めましたが、使用者側が控訴。2審の本判決は仮眠・休憩時間中に実際に作業に従事した事例は極めて僅かであり、仮眠・休憩時間中に業務に従事する態勢は要求されていなかったとして、全部を労働時間としては認めず、判決を変更しました。

◇□。◇□。◇□。◇□。

Q1　どんな事件ですか

　警備の請負等を目的とするY社（被告、控訴人）に雇用され、県立B病院の警備員として勤務していたX₁からX₈（原告ら、被控訴人ら）が、B病院での勤務ローテーションと勤務表において、昼と夜の時間帯に休憩時間各1時間（労働時間変更後は各1時間30分）及び仮眠時間4時間（同5時間）が割り当てられていましたが、仮眠・休憩時間中にも突発業務などに対応する必要があったため、作業を行っていない時間も労働から解放が保障されておらず、待機し

ていたものとして労働時間に該当すると主張して時間外割増賃金の支払いなどを求めてY社を提訴したものです。

　Xらは、Y社とB病院との間の業務委託契約上、常時4人の体制で業務を行っていました。仮眠・休憩時間帯にも最低2名は勤務時間に当てられていて警備業務に従事していました。第1審判決では勤務時間中の警備員以外にも仮眠・休憩時間中の他の警備員が業務に従事したことも皆無ではなかったとして、仮眠・休憩時間も全部労働時間に当たると判断して、XらとYの間の労働契約に基づいて平成19年4月支払い分から平成21年12月まで（以下、「本件係争期間」といいます）の未払い賃金として、Xらにそれぞれ約304万円から338万円の未払い賃金及び遅延損害金の支払いを認めました。この判決に対してYが控訴したのが本件です。

　なお、第1審判決後Xらのうち5名についてYとの間で和解が成立したため、控訴審では3名についてのみ判決となりました。

$Q2$　何が争点となったのでしょうか

　仮眠・休憩時間の労働時間制です。Yは仮眠・休憩時間中はB病院も勤務に当たらないことを確認しており、固定的に2名が配置されていれば対応できるもので、実際にXらが仮眠・休憩時間帯に実作業に従事したのは皆無といってよく、実作業についた時間については時間外労働として賃金を請求して支払いを受けていたのであり、仮眠・休憩時間全体を労働時間と認めることはできないと主張しました。

　Xらは、B病院は大規模な病院であって4人以上が常時警備業務に従事できる態勢をとることが求められており、仕様書にもそのような定めがあって、Xらは仮眠・休憩時間中も守衛室での待機を義務付けられていて、仮眠・休憩時間中といえども常に非常事態に備えて緊張感を持続しておく必要があり、労働から解放されていなかったと主張しました。

$Q3$　判決の具体的な内容はどうだったのですか

　判決では、「本件係争期間において仮眠・休憩時間が一般的、原則的に労働時間に当たると認めることはできず、XらはYに対し、仮眠・休憩時間中に実際

に作業に従事した場合に時間外労働としてその時間に相当する未払賃金を請求することができる」にとどまるとして、第1審判決を変更し、Xらの請求のうち未払い賃金は2038円から456円とそれに対する遅延損害金の限度で認めて、その余の請求を棄却しました。

　仮眠・休憩時間の過ごし方については、仮眠室は守衛室とふすまと壁で隔てられており、仮眠室に入ると守衛室にかかってきた電話のベルの音は聞こえるものの会話の内容までは聞こえなかったこと、警備員が仮眠をとる際は、シャワーを浴びたうえで、制服からパジャマやトレーナーに着替え、仮眠室に布団をしいて就寝していたことと認めました。本件係争期間中の仮眠・休憩時間中における実作業の実情については、仮眠時間中の警備員が実作業に従事した件数は2年8ヵ月間で合計17件であったと認めましたが、実作業の開始ないし終了時刻に鑑みて仮眠を中断して実作業に従事したことが明らかな事例は4件のみで、しかもそのうち3件は地震または火災という突発的な災害によるものであると認めました。休憩時間中に休憩時間を中断して実作業に従事した件数については12件であったと認めました。

　仮眠・休憩時間の労働時間制の判断については、「他の従業員が業務に従事していて仮眠・休憩時間中に実作業に従事する必要が生じることが皆無に等しいなど、実質的に実作業への従事が義務付けられていないと認めることができるような事情がある場合には、労働者は使用者の指揮命令下に置かれているとは評価できず、労働基準法上の労働時間に当たらないと解するのが相当である」としました。そのうえで、「本件係争期間中において仮眠・休憩時間中に実作業に従事した事例は極めて僅かであり、例外的に実作業に従事した場合には実作業時間に応じた時間外手当を請求することとされていたのであって、Xら警備員に対しては、仮眠・休憩時間中に守衛室又は仮眠室で業務に従事する態勢を要求されてはいなかったのである」、「本件において、仮眠・休憩時間中に実作業に従事することが制度上義務付けられていたとまではいえないし、少なくとも仮眠・休憩時間中に実作業に従事しなければならない必要性が皆無に等しいなど、実質的にXらに対し仮眠・休憩時間中の役務提供の義務付けがされていないと認めることができる事情があったというべきである」と認定しました。

Q4　判決が与える影響はどうでしょうか

　複数の警備員が交代で業務と仮眠・休憩に当たっていたと認められる勤務形態で実際に仮眠・休憩時間中に実作業についた件数が極めて僅かであることを認定して、実作業につくことが義務付けられていたとは認められない事例を明らかにした点で重要です。他の従業員が作業することで十分に業務遂行が可能であることが理由となっており、人員配置が適切であることで仮眠・休憩時間中の労働から解放できます。

判決要旨

　「しかし、（中略）突発的な業務に備えて、監視警備等業務に当たる警備員以外に仮眠・休憩時間帯ももう１名の警備員が守衛室で待機し、巡回警備業務中も必要があればこれに応じる態勢がとられていたこと、本件仕様書も４人以上が常時業務に従事することまで義務付けるものではなく、基本的に上記のような態勢によって対応が可能であったと認められること、被控訴人らはシャワーを浴び、着替えをして仮眠室で仮眠をとっており、休憩時間中は必ずしも守衛室での待機が義務付けられていなかったことなど先に認定説示したところからすれば、被控訴人らが仮眠・休憩時間中も常時緊張を強いられていたと認めるのは困難であり、上記主張は採用することができない。」

阪急トラベルサポート事件

平26・1・24 最二小判

あらかじめ定められた日程で行われる業務で「労働時間を算定し難い」に当たらない

　事業場外のみなし労働時間が適用されていた旅行添乗員が、労働時間管理が行われているとして時間外手当の支払いを求めて提訴した事件です。1審、2審ともみなし労働時間の適用を認めませんでしたが、本判決もあらかじめ定められた日程で業務を行うことを指示されていて「労働時間を算定し難い」に当たらないとしてみなし労働時間の適用を認めませんでした。

◇。◇。◇。◇。

Q1 どんな事件ですか

　X（原告、控訴人、被上告人）は派遣会社であるY社（被告、被控訴人、上告人）に所属して旅行業を営むA社に派遣されて旅行添乗員として勤務していました。Y社がXを雇用するに当たり作成している派遣社員就業条件明示書には、就業時間につき、原則として午前8時から午後8時までとするが、実際の始業時刻、終業時刻及び休憩時間については派遣先の定めによる旨の記載がありました。Y社はXら旅行添乗員について、旅行添乗業務は「労働時間を算定し難いとき」（労働基準法38条の2第1項）に該当するとして、Xらの賃金につ

いて事業場外みなし労働時間制を適用し、時間外割増手当等は支給していませんでした。これに対してXが、A社での派遣就労に当たって労働時間管理が行われていると主張して時間外割増手当の支払いを求めて提訴しました。

　第1審では事業場外みなし労働時間制の適用が認められました。第2審では旅行会社はツアー旅行参加者に対して旅行内容の遂行を契約しており、その内容を明示してXがこれに従うことが求められているアイテナリー（旅行日程表）等で労働時間の指示を受けており、携帯電話で随時連絡を取ることになっていること等から労働時間の算定は可能であるので、事業場外みなし労働時間の適用を認めませんでした。そこで、Y社が上告したものです。

$Q2$　何が争点となったのでしょうか

　海外旅行に添乗する旅行添乗員の業務に事業場外労働のみなし労働時間制の適用があるかどうかです。具体的には、あらかじめ示されていたツアーの旅程に従って旅程の管理をし、万一、変更の必要がある場合はA社の担当者の指示を受けることとなっている事実の下で、「労働時間を算定し難いとき」に当たり、みなし労働時間制の適用ができるかです。

$Q3$　判決の具体的な内容はどうだったのですか

　最高裁では、第2審の判断と同様に事業場外のみなし労働時間制の適用は認めませんでした。その理由として、添乗業務は、ツアーの旅行日程に従い、ツアー参加者に対する案内や手続きの代行などといったサービスを提供するものであること、ツアー旅行の場合、A社とツアー参加者との間の契約内容として旅行の日時や目的地等を明らかにして定めていること、添乗員はその旅行日程につき変更補償金の支払いなどの契約上の問題が起こらないように、また、それに至らない場合でも変更が必要最小限のものになるように旅程の管理を行うことが求められていること、添乗業務は業務の内容があらかじめ具体的に確定されており、添乗員が自ら決定できる事項の範囲及びその決定にかかる選択の幅が限られたものであること、ツアー開始時にA社からXに対して具体的に業務内容を示してこれに従った業務を行うことを命じていること、旅行添乗中は常時携帯電話を所持して電源を入れておくように指示され、旅程の変更が必要

な場合は、A社に報告して指示を受けるとされていること、添乗終了後は詳細な報告書とツアー参加者のアンケートを提出することにより、業務遂行状況が正確に把握できること等を挙げています。

　これらの「業務の性質、内容やその遂行の態様、状況等、本件会社と添乗員との間の業務に関する指示及び報告の方法、内容やその実施の態様、状況等に鑑みると、本件添乗業務については、これに従事する添乗員の勤務の状況を具体的に把握することが困難であったとは認め難く、労働基準法38条の2第1項にいう『労働時間を算定し難いとき』に当たるとはいえないと解するのが相当である」と判断しました。

Q4　判決が与える影響はどうでしょうか

　本判決は旅行添乗業務に事業場外みなし労働時間制が適用できるかどうかに関する一事例判決です。みなし労働時間制が適用される場合は、あらかじめ通常業務遂行に必要な時間とみなした時間の労働があったものとして賃金が支払われるため、時間外割増手当が実労働時間に応じて計算されないという効果があることから、判決では具体的な業務内容や業務の状況を慎重に判断して適用が認められないとしました。みなし労働時間制の適用可能性の判断手法を示すものとして参考になる判決です。また、派遣労働者は、派遣先が労働時間を管理し、派遣先管理台帳に就業日ごとの始業時刻、終業時刻を記載して派遣元に通知する義務を負っています。派遣労働者に事業場外みなし労働時間制を適用する場合には、この派遣先管理台帳の作成がどのように行われているのかにも注意が必要です。

判決要旨

　「本件添乗業務について、本件会社は、添乗員との間で、あらかじめ定められた旅行日程に沿った旅程の管理等の業務を行うべきことを具体的に指示した上で、予定された旅行日程に途中で相応の変更を要する事態が生じた場合にはその時点で個別の指示をするものとされ、旅行日程の終了後は内容の正確性を確認し得る添乗日報によって業務の遂行の状況等につき詳細な報告を受けるものとされているということができる。」

　「以上のような業務の性質、内容やその遂行の態様、状況等、本件会社と添乗員との間の業務に関する指示及び報告の方法、内容やその実施の態様、状況等に鑑みると、本件添乗業務については、これに従事する添乗員の勤務の状況を具体的に把握することが困難であったとは認め難く、労働基準法38条の2第1項にいう『労働時間を算定し難いとき』に当たるとはいえないと解するのが相当である。」

マーケティングインフォメーションコミュニティ事件

―――― 平26・11・26　東京高判

月100時間の時間外労働に相当する営業手当、割増賃金の対価としての解釈は採用できない

賃金規程が変更されていくつかの手当が営業手当として支給されるようになり、時間外手当が支給されなくなったことから，原告の従業員がそれ以後の時間外手当の支払いを求めた事件。1審判決は賃金規程の変更は合理性があり、営業手当は残業代の支払いに代わる性質があると認めましたが、2審の本判決は、営業手当が月100時間の割増賃金に相当し、合意があったと認めることは困難と指摘。約618万円の支払いを認容しました。

◇◻。◇◻。◇◻。◇◻。

Q1　どんな事件ですか

　ガソリンスタンドの運営、自動車賃貸業等を行う被告・被控訴人Y社に勤務していた原告・控訴人Xが、平成23年3月分から平成25年2月分までの時間外労働等に対する割増賃金、遅延損害金、付加金及びこれに対する遅延利息等の支払いを求めた事件の控訴審判決です。

　XはY社に平成16年2月ごろに入社し平成25年2月に退職するまで店舗に勤務していました。Y社の賃金は月給制で、入社から平成17年4月分までのXの給与は、基本給20万5,000円、住宅手当5万円、配偶者手当1万5,000円、資格手

当2,000円に非課税通勤費3,360円（合計27万5,360円）が支給され、さらに時間外手当が毎月数万円支給されていました。平成17年5月分からY社が賃金規程を変更したとして、平成17年5月20日付のXに対する給与辞令ではXの給与として、「基本本給18万5,000円、営業手当12万5,000円（内訳：時間外勤務手当8万2,000円、休日出勤手当2万5,000円、深夜勤務手当1万8,000円）、通勤手当3,360円　総支給額31万3,360円」と記載されていました。Y社は平成17年5月分においては、基本給18万5,000円、役職手当2万円、営業手当12万5,000円、時間外手当10万1,192円、非課税通勤費3,360円を支給しましたが、その後平成17年6月分からは時間外手当を支給しませんでした。本件訴訟で請求の対象となった期間である平成23年3月から同25年2月までの間、基本給は24万5,000円ないし25万円、営業手当は17万5,000円ないし18万5,000円とほかに非課税通勤費が支給されていました。Xの勤務はシフト制で所定労働時間は1日8時間でしたが、所定労働時間を超える時間外勤務が発生しており、休日勤務や深夜勤務も発生していました。

Q2 何が争点となったのでしょうか

　1審判決（横浜地裁平成26年4月30日）では、賃金規程の変更は労働契約法10条の要件を満たしており合理的なものであるとして、営業手当の支払いによって労働基準法37条1項に定める残業代の支払いに代わる性質があると認め、基本給のみを基礎賃金として実際の時間外労働時間に基づいて算出した残業代から営業手当として支払われた金額を控除すると2年間で支払うべき金額は1万4,342円にとどまると判断しました。Xはこれを不服として控訴しました。

　争点となったのは、①本件営業手当の支払いが割増賃金の支払いとして有効か、②本件賃金体系の変更の有効性です。ただし、本件営業手当の支払いが割増賃金の支払いとして有効と認められない場合は、争点②は判断されないことになります。

Q3 判決の具体的な内容はどうだったのですか

　判決では、Xの時間外労働等に対する割増賃金等の請求額618万2,500円の全

額とそれに対する遅延損害金を認容し、付加金の請求については棄却しました。

　本件営業手当の支払いが割増賃金の支払いとして有効かの点については、本件営業手当全額が時間外勤務との対価関係にあるものと仮定して計算し、月当たりの時間外労働時間を算出すると、本件営業手当がおおむね100時間の時間外労働に対する割増賃金の額に相当することになることを指摘し、「100時間という長時間の時間外労働を恒常的に行わせることが上記法令（筆者注：労働基準法32条、36条、平成10年12月28日労働省告示第154号36協定の延長限度時間に関する基準）の趣旨に反するものであることは明らかであるから、法令の趣旨に反する恒常的な長時間労働を是認する趣旨で、X・Y間の労働契約において本件営業手当の支払が合意されたとの事実を認めることは困難である。したがって、本件営業手当の全額が割増賃金の対価としての性格を有するという解釈は、この点において既に採用し難い」としました。また、賃金体系変更の前後の給与を比較して、「変更前後の上記内訳、金額に照らすと、上記営業手当には、従前、基本給、住宅手当、配偶者手当、資格手当として支払われていた部分が含まれていたと推認することができる」と判断し、この点からも本件営業手当の全額が割増賃金の性格を有するという解釈は採用できないとしました。本件営業手当について、その全額が割増賃金の対価としての性質を有するものではないとすると、本件営業手当の一部に割増賃金の性格を有する部分があったとしても、割増賃金に相当する部分とそれ以外の部分についての区別が明確になっていないことを挙げて、本件営業手当の支払いにより割増賃金の支払い義務が消滅したとのY社の主張は認められませんでした。そのうえさらに、時間外割増賃金等の算出に当たっては、基本給とともに本件割増賃金が基礎賃金となることになり、結果として前記のとおり2年間で618万円を上回る未払い割増賃金が認容されることになりました。

Q4　判決が与える影響はどうでしょうか

　月給制をとる企業で、いわゆる定額残業代の趣旨で基本給額に対して高額の手当の支給を定めている場合があります。長時間労働が行われることに備えて、定額で時間外割増手当を支払うとする考え方に対して、判決は労働時間を

制限する法令の趣旨から否定しました。その場合、基本給のほかに支給されている手当も含めて割増賃金の基礎賃金が算出され、高額の未払い割増賃金が発生することに注意が必要です。

判決要旨

　「労基法32条は、労働者の労働時間の制限を定め、同法36条は、36協定が締結されている場合に例外的にその協定に従って労働時間の延長等をすることができることを定め、36協定における労働時間の上限は、平成10年12月28日労働省告示第154号（36協定の延長限度時間に関する基準）において、月45時間と定められている。100時間という長時間の時間外労働を恒常的に行わせることが上記法令の趣旨に反するものであることは明らかであるから、法令の趣旨に反する恒常的な長時間労働を是認する趣旨で、控訴人・被控訴人間の労働契約において本件営業手当の支払が合意されたとの事実を認めることは困難である。したがって、本件営業手当の全額が割増賃金の対価としての性格を有するという解釈は、この点において既に採用し難い。」

　「本件営業手当は、割増賃金に相当する部分とそれ以外の部分についての区別が明確となっていないから、これを割増賃金の支払と認めることはできず、本件営業手当の支払により割増賃金の支払義務が消滅したとの被控訴人の主張は採用することができない。」

類設計室（取締役塾職員・残業代）事件

——————————— 平27・7・31　京都地判

全員が取締役の自主管理であったとしても実質的に労働者であれば労基法適用され残業代支払い必要

> 入社6ヵ月で取締役への就任を承諾する文書を差し入れ、在職中は取締役とされてきた原告が、実際は教育コンサルタントの肩書きで営業の業務を行ってきたことから、残業代の支払いを受けなかったとしてその分と遅延損害金、労働基準法114条に基づく付加金などを求めた事件。同社は全員を取締役として自主管理としていましたが、判決は労基法上の労働者だとして時間外手当と付加金の支払いを命じました。

◇ □ 。 ◇ □ 。 ◇ □ 。 ◇ □ 。

Q1　どんな事件ですか

　学習塾の経営等を目的とするY社（被告）に平成23年3月11日から同25年12月31日まで在籍していたX（原告）が、時間外労働を強いられていたにもかかわらず、Y社において取締役であったことを理由に残業代の支払いを受けなかったとして、① 平成23年12月から同25年12月までの残業代の合計548万3,465円、② ①に対する在職中の商事法定利率年6％の割合による確定遅延損害金30万5,628円、③ ①に対するY社を退職した日の翌日である平成25年12月22日から同27年2月20日までの賃金の支払いの確保等に関する法律6条1項所定の

年14.6％の割合による確定遅延損害金93万0,697円、④　①に対する平成27年2月21日から支払い済みまでの年14.6％の遅延損害金、⑤　労基法114条所定の付加金519万9,806円等の支払いを求めた事件です。

$Q2$　何が争点となったのでしょうか

　Xが労基法上の労働者といえるか（争点①）とXの労働時間（争点②）です。
　Y社では試用期間6ヵ月を経過して正社員になる際に、株式を譲り受けて取締役への就任を承諾する旨の文書を差し入れることになっていました。また、Y社から入社しようとする者に「参加条件通知書」を提出させており、その冒頭に、正社員は業務を執行する取締役に就任し株主となって会社経営に参加する旨が記載されるとともに、①就業開始日、②就業場所、③業務内容、④就業時間、休憩時間、⑤休日、⑥給与所得、⑦欠勤等の査定、⑧通勤手当、⑨退職、⑩競業避止義務、⑪除名の各項目が記載されていました。Xもこれに従い、Y社に在職中は、形式上は取締役とされていました。一方で、Y社におけるXの肩書きは「教育コンサルタント」でその業務は「営業」で具体的な業務内容は、入退塾手続き等の各種受付業務や電話対応、配布物等の管理、生徒対応、学籍管理、電話などでの入塾勧誘などでした。

$Q3$　判決の具体的な内容はどうだったのですか

　争点①について、「当該業務従事者が労基法上の労働者に該当するといえるか否かの問題は、個別的労働関係を規律する立法の適用対象となる労務供給者に該当するか否かの問題に帰するところ、この点は、当該業務従事者が会社の実質的な指揮監督関係ないし従属関係に服していたか否かという観点に基づき判断されるべきものであると解するのが相当である。そして、本件においては、Y社は、XがY社の取締役であり労働者ではない旨を主張しているのであるから、取締役就任の経緯、その法令上の業務執行権限の有無、取締役としての業務執行の有無、拘束性の有無・内容、提供する業務の内容、業務に対する対価の性質及び額、その他の事情を総合考慮しつつ、前記のとおり、当該業務従事者が会社の実質的な指揮監督関係ないし従属関係に服していたか否かという観点から判断すべきものであると解される」と述べて、Y社におけるXの具体的

な業務内容、Y社において行われている「劇場会議」と名づけられた全社員参加の会議等の状況、出退勤管理が厳格であったこと、給与及び賞与の支給の状況などの認定に基づいて、Xの法的地位は取締役とは認められず、「XはY社の実質的な指揮監督関係ないしは従属関係に服していたものといわざるを得ず、紛れもなく労基法上の労働者であったと認められるべきである」と判断しました。なお、Y社ではXについて会社法所定の手続きにより正規に取締役に選任された経過はなく、取締役として登記されていたということもありませんでした。

争点②については、XはY社から指示されて業務の終了時に「活動記録」を作成しており、「活動記録」に自ら出退社時刻と各種業務時間数を入力することとなっていたことから、これに基づいて各労働日の労働時間を認定しました。各教室の開業時間である午後2時から午後11時以外の時間は各スタッフがまったく自由な判断で在社しているだけで労働時間とは認められないとのY社の主張は退けられました。

各争点についてXの主張が認められたことから、Xの残業代の請求が認容され、また、Y社の労基法違反は明らかであるとして付加金の請求も認められました。

$Q4$　判決が与える影響はどうでしょうか

労基法の適用は、契約の形式だけで判断されるものではなく、会社における業務内容、業務遂行の状況及び労務の対価の支払いの態様やその額などをもとに、労基法で保護すべき実質的な指揮監督関係や従属関係が存在していたかによって判断されます。全員参加の経営方針があるなどと主張して取締役就任の承諾を取り付けたとしても実態が労働者であれば残業代の支払い義務は免れません。労基法に基づかない労務管理は付加金の支払いを含めて結局経営にとってコストアップになることを理解すべきです。

判決要旨

「被告は、その経営理念等から、被告の業務従事者の全員が取締役となり、経営に参加するという自主管理の経営理念に沿った運営をしていること、自由勤務制を基本としていること等から、時間外手当を支払わなかったと主張するものであるが、前記に述べたように、原告は被告の指揮監督下に服する労基法上の労働者と認めるほかないことからすると、その経営理念の当否は別として、被告が原告に対して時間外手当を支給しないことについては、合理的な理由は見出し難いものというべきである。

　そうすると、上記の不支給が、労基法37条に違反していることは明らかであるというべきであり、本件については、労基法114条に基づいて、被告に対し、過去２年分の原告の時間外手当に係る付加金の支払を命じるのが相当である。」

甲会事件

育児短時間勤務取得者に対する昇給抑制は不法行為で差額及び慰謝料を支払うべき

育児短時間勤務を取得した３人の職員の昇給を抑制したことが違法だとして、この３人が労働契約上の地位の確認、差額と遅延損害金、不法行為による慰謝料及び遅延損害金の支払いを求めた事件。判決は昇給の抑制は不法行為と認め、差額相当額、慰謝料などの支払いを認めましたが地位確認までは認めませんでした。

◇ロ。◇ロ。◇ロ。◇ロ。

Q1　どんな事件ですか

　Ｙ社会福祉法人（被告）において稼働する３名の職員Ｘら（原告ら）が、育児短時間勤務制度を利用したことを理由として本来昇給すべき程度の昇給が行われなかったと主張して、ＸらがＹに対して、①このような昇給抑制が法令及び就業規則に違反して無効であるとして、昇給抑制がなければ適用されている号給の労働契約上の地位を有することの確認、②労働契約に基づく賃金請求として昇給抑制がなければ支給されるべきであった給与と実際に支給された給与の差額（Ｘ₁は４万6,149円、Ｘ₂は12万799円、Ｘ₃は14万6,623円）及び遅延損害金の支払い、③このような昇給抑制は不法行為に当たりＸらは精神的物質的

損害を受けたとして、不法行為に基づく慰謝料等の損害賠償金（Xら各自50万円）及びこれに対する遅延損害金の支払いをそれぞれ求めた事件です。

$Q2$　何が争点となったのでしょうか

　Yにおいては、給与規程、給与規程別表、職員の勤務成績評価及び昇給基準表に定める基準で職員の昇給は勤務評価に基づいて昇給する号数が決定されることとなっていました。しかし、Xらが育児短時間勤務制度を利用した期間の昇給については、基準に基づく昇給号数に8分の6を乗じた号数として昇給の抑制（以下、「本件昇給抑制」といいます）が行われていました。

　本件の争点は、①本件昇給抑制が就業規則、給与規程に違反し、あるいは育児介護休業法23条の2等の強行規定に違反するために違法ないし無効となるか、②本件昇給抑制が違法ないし無効となった場合のXらのあるべき号給、③あるべき号給に基づいて支給されるべきであった給与とすでに支給された給与との差額、及び④YのXらに対する不法行為責任の有無及び損害賠償額です。

$Q3$　判決の具体的な内容はどうだったのですか

　育児介護休業法では、労働者が所定労働時間の短縮措置の申し出をし、または短縮措置が講じられたことを理由とする不利益取り扱いを禁じています（同法23条の2）。Xらの基本給は育児短時間勤務をしている間は短縮措置に合わせて8分の6に減額して支給されており、労働時間が短いことによる基本給の減額（ノーワークノーペイ原則の適用）をすでに受けています。また、Yにおける職員の昇給は1年間の業績やその間に身に着けた執務能力等を考慮して決定される1年ごとの賃金改定であり、Xらはこのように考慮を経てそれぞれ「B」「C」の評価を受けているにもかかわらず、本件昇給抑制は、Xらをほかの職員とは別に、さらに、育児短時間勤務制度を取得したことの帰結である労働時間が短いことを理由に一律に1日の労働時間に応じた8分の6を乗じた号給を適用するものであることから、ノーワークノーペイの原則の適用を超える不利益取り扱いであると認められると判断し、本件昇給抑制は強行規定である育児介護休業法23条の2に違反する違法なものであると認定しました。

　しかし、判決では本来は不利益取り扱いの行為は無効となるのが原則ではあ

るが、本件昇給抑制によって定められた号俸数自体を無効とすることによりすでに得ている昇給の利益分をも無効とすることになることなどを考慮して本件昇給抑制による昇給自体を無効なものとはせず、また、あるべき号給へ昇給したことの確認についても、昇給にはYによる昇給の決定という行為が必要であり、職員には昇給を要求する権利が付与されているものとは認められないとして、確認の訴えは却下しました。

　そのうえで、Xらの差額賃金請求は認めず、本件昇給抑制はYによる不法行為であると認めて、その不法行為による損害として、まず、Xらがそれぞれ差額賃金として請求している金額が「物質的損害」に該当するとしてこれを認め、その他、将来にわたって不利益が継続するおそれがあることなど理由に慰謝料10万円と弁護士費用5万円を付加した金額を各自の支払われるべき損害賠償額として算出し、この金額に対する遅延損害金の支払いも認めました。

Q4　判決が与える影響はどうでしょうか

　昇給や昇格の判断のもとになる業績評価対象期間中に育児による短時間勤務があった場合、昇給額をどのように決定すべきかについて、参考となる判断です。

　時短勤務の場合はノーワークノーペイの原則に基づいて賃金支払いが行われているのですから、さらに昇給額で不利益な取り扱いをすることは二重の不利益であり、将来にわたる影響までを考慮して違法と判断し、不法行為による損害賠償として、昇給抑制額以上の支払いが認められたことが重要です。

判決要旨

「本件昇給抑制は、本件制度の取得を理由として、労働時間が短いことによる基本給の減給（ノーワークノーペイの原則の適用）のほかに本来与えられるべき昇給の利益を不十分にしか与えないという形態により不利益取扱いをするものであると認められるのであり、しかも、このような取扱いが原告主張（中略）の指針によって許容されていると見ることはできないし、そのような不利益な取扱いをすることが同法23条の2に違反しないと認めるに足りる合理的な特段の事情が存することも証拠上うかがわれないところである。かえって、本件昇給抑制については、どのような良好な勤務成績であった者に対しても一律に8分の6を乗じた号俸を適用するものであるところ、そのような一律的な措置を執ることの合理性に乏しいものといわざるを得ないのであり、本件昇給抑制は、労働者に本件制度の利用を躊躇させ、ひいては、育児・介護休業法の趣旨を実質的に失わせるおそれのある重大な同条違反の措置たる実質を持つものであるというべきであるから、本件昇給抑制は、同法23条の2に違反する不利益な取扱いに該当するというべきである。」

山梨県民信用組合事件

— 平28・2・19　最二小判

退職金制度の変更につき同意を得る場合には不利益の具体的な情報を提供し自由意思によるものが必要

　信用組合が2度の合併に基づき退職金制度を変更し、それぞれ従業員への説明、同意書や労働協約の改定などを行っていたが、職員が退職するに当たって支払われる退職金がゼロ円だったことから合併時の退職金の支払いを求めた事件。原審は、管理職については同意書、職員組合員については組合委員長の合意に基づく労働協約があり、これを棄却しました。これに対して本件判決は職員の請求を認めました。

◇。。◇。。◇。。◇。。

Q1　どんな事件ですか

　A信用組合の職員であったXら（原告、控訴人、上告人）が平成15年1月14日の合併（以下、「本件合併」といいます）によってY信用組合（被告、被控訴人、被上告人）の職員となり、さらに、Yが平成16年2月16日に3つの信用組合と再度合併し、その後Yを退職したXらが、Yに対して退職金の支払いを求めた事件です。XらはA信用組合の本件合併当時の職員退職給与規程における退職金の支給基準に基づく退職金額を請求しました。これに対してYはXらにかかる退職金の支給基準は個別の合意または労働協約の締結により、本件合併

に伴い定められた退職給与規程における支給基準に変更された（支給基準の変更は、本件合併時と平成16年２月の２回）と主張して争いました。

　原審では、Ｘらのうち管理職である者については、本件合併後、２回にわたって変更された支給基準について、それぞれ個別の同意書への署名捺印と変更内容の報告書への署名により、いずれも合意によって支給基準の変更の効力が生じているとして、請求を棄却しました。Ｘらのうち、職員組合員であった者については、職員組合の規約によって執行委員長に包括的な代表権が付与されているので、大会または執行委員会による決定等を経ていなかったとしても労働協約の締結の権限は認められるとして、労働協約の締結による基準変更の効力を認めて、請求を棄却しました。この判決を不服としてＸらが上告しました。

Q2 何が争点となったのでしょうか

　支給基準変更にかかる合意の効力（争点１）と支給基準変更にかかる労働協約の効力（争点２）です。争点１は就業規則の不利益変更が個別の合意によって変更することができるのはどのような合意が認められたときかについての争いであり、争点２は労働条件を変更する労働協約の締結権限はどのように認められるかの争いです。

Q3 判決の具体的な内容はどうだったのですか

　判決では、労働契約の内容である労働条件は、労働者と使用者の個別の合意によって変更することができるものであり、このことは就業規則に定められている労働条件を労働者の不利益に変更する場合であっても、異なるものではないとしましたが、「使用者が提示した労働条件の変更が賃金や退職金に関するものである場合には、当該変更を受け入れる旨の労働者の行為があるとしても、労働者が使用者に使用されてその指揮命令に服すべき立場に置かれており、自らの意思決定の根拠となる情報を収集する能力にも限界があることに照らせば、当該行為をもって直ちに労働者の同意があったものとみるのは相当ではなく、当該変更に対する労働者の同意の有無についての判断は慎重にされるべき」であり、「就業規則に定められた賃金や退職金に関する労働条件の変更に

対する労働者の同意の有無については、当該変更を受け入れる旨の労働者の行為の有無だけでなく、当該変更により労働者にもたらされる不利益の内容及び程度、労働者により当該行為がされるに至った経緯及びその態様、当該行為に先立つ労働者への情報提供または説明の内容等に照らして、当該行為が労働者の自由な意思に基づいてされたものと認めるに足りる合理的な理由が客観的に存在するか否かという観点からも、判断されるべきものと解するのが相当である」と判示しました。

　そのうえで、本件では支給基準の変更により、平成16年合併前の在職期間にかかる退職金として支給される退職金額が、その計算に自己都合退職係数が用いられた結果、いずれも０円となるなど、不利益の内容及び程度が著しいものであったにもかかわらず、Ｘらが同意書に署名をした際には退職金が０円となることとは異なる説明がなされていたことなどの事実から、管理職であるＸらが基準変更への同意をするか否かについて自ら検討し判断するために必要十分な情報提供や説明がなされて基準変更への同意について自由な意思に基づいてなされたものと認められないとして、原審の判断を破棄しました。

　また、労働協約の効力についても、組合の規約上、執行委員長が組合を代表しその業務を統括する権限を有する旨が定められているとしても、その規約をもって執行委員長に退職金の支給につきその支給基準を変更する労働協約を締結する権限までが付与されていたと認められないとして、労働協約の効力によって支給基準の変更の効力が認められるとした原審を破棄しました。

$Q4$　判決が与える影響はどうでしょうか

　労働契約法９条の反対解釈から就業規則の不利益変更についても労働者の同意があればその変更の効力が認められると解することが可能ですが、本件では、労働者の同意が「自由な意思に基づいてされたもの」と認められなければならないとし、形式的な書面の取り付けでは労働条件の変更の同意として認められないことを明らかにしました。労働条件の変更に当たっては、労働者に対する十分な情報の提供や説明が必要となります。特に不利益な変更となる部分こそ、十分に説明して理解を求めることが重要です。

判決要旨

　「管理職上告人らが本件基準変更への同意をするか否かについて自ら検討し判断するために必要十分な情報を与えられていたというためには、同人らに対し、旧規程の支給基準を変更する必要性等についての情報提供や説明がされるだけでは足りず、自己都合退職の場合には支給される退職金額が０円となる可能性が高くなることや、被上告人の従前からの職員に係る支給基準との関係でも上記の同意書案の記載と異なり著しく均衡を欠く結果となることなど、本件基準変更により管理職上告人らに対する退職金の支給につき生ずる具体的な不利益の内容や程度についても、情報提供や説明がされる必要があったというべきである。」

医療法人社団Y会事件

平29・7・7　最二小判

年俸1,700万円であっても時間外割増賃金部分を判別することができないので別途支払いが必要

　解雇された医師が、地位確認と勤務していた間の時間外割増賃金、深夜割増賃金の支払いを求めた事件。1審、2審とも解雇を有効とするとともに、時間外割増賃金は年俸1,700万円に含まれていたとして認めませんでした。本判決で最高裁は、通常の賃金と時間外割増賃金などの部分を判別することができないとして、時間外割増賃金などが支払われたということはできないと判断しました。

◇□。◇□。◇□。◇□。

Q1 どんな事件ですか

　被上告人医療法人Yに平成24年4月に雇用された上告人である医師Xが同年9月に解雇されたことについて、解雇無効を理由とする雇用契約上の地位確認と、勤務をしていた間の時間外労働及び深夜労働に対する割増賃金の支払いを求めた事件の上告審です。第1審、控訴審とも解雇は有効としてXの請求を退けました。時間外労働及び深夜労働に対する割増賃金については、原審ではX、Y間の労働契約において、医師時間外勤務規程（以下、「本件時間外規程」といいます）の定めにより支払われていた金額のほかは、原則として基本給に時間

外割増手当が含まれていることを理由に、労働契約上基本給に含まれていないと認められた深夜勤務手当と時間外割増手当の一部の支払いのみを認めていました。

Q2 何が争点となったのでしょうか

　労働契約上の合意で、割増賃金を年俸に含めて支払ったと認められるか否かです。

　本件ではX、Y間の労働契約において、本給（月額86万円）と諸手当（役付手当、職務手当及び調整手当の月額合計34万1,000円）合計120万1,000円を毎月支払い、年2回の賞与（本給3ヵ月分相当額を基準として成績により勘案する）を支払い、合計で年俸1,700万円とすると定めるとともに、本件時間外規程では以下のとおり定められていました。

① 　時間外手当の対象となる業務は、原則として病院収入に直接貢献する業務または必要不可欠な緊急業務に限る

② 　医師の時間外勤務に対する給与は、緊急業務における実働時間を対象として、管理責任者の認定によって支給する

③ 　時間外手当の対象となる時間外勤務の対象時間は、勤務日の午後9時から翌日の午前8時30分までの間及び休日に発生した緊急業務に要した時間とする

④ 　通常業務の延長とみなされる時間外業務は、時間外手当の対象とならない

⑤ 　当直・日直の医師に対し、別に定める当直・日直手当を支給する

　Xの勤務中、Yは本件時間外規程に基づいてXに対して合計57万5,300円を支払っていましたが、この金額はXの1ヵ月当たりの平均所定労働時間及び本給の月額86万円を計算の基礎として算出されたもので、深夜労働を理由とする割増はされていましたが、時間外労働を理由とする割増はされていませんでした。

　Xは時間外労働と深夜労働の割増賃金として合計438万1,892円の支払いを求めていました。第1審では時間外労働が月60時間を超えた場合の割増賃金と深夜労働に対する割増賃金については、年俸に含まれて支払われていたとは認められず、不足分として割増賃金56万3,380円の支払いを命じました。

その理由として、Xの医師としての業務の特質に照らして本件時間外規程には合理性があり、Xが労務の提供について自らの裁量で律することができたことやXの給与額が相当高額であったことなどから労働者としての保護に欠けるところがなく、Xの月額給与のうち割増賃金に当たる部分を判別することができないからといって不都合はないとしました。

$Q3$　判決の具体的な内容はどうだったのですか

原判決を取り消して差し戻しになりました。

労働基準法37条の趣旨は時間外労働の抑制と労働者への補償を行うものと解されるとし、割増賃金の算定方法は労働基準法37条等に定められた方法により算定された額を下回らない額の割増賃金を支払うことを義務付けるにとどまり、労働者に支払われる基本給や諸手当にあらかじめ含めることにより割増賃金を支払うという方法自体が直ちに同条に反するものではないとしました。

しかし、「割増賃金をあらかじめ基本給等に含める方法で支払う場合においては、労働契約における基本給等の定めにつき、通常の労働時間の賃金に当たる部分と割増賃金に当たる部分とを判別できることが必要であり、割増賃金に当たる部分の金額が労働基準法37条等に定められた方法により算定した割増賃金の額を下回るときは、使用者がその差額を労働者に支払う義務を負う」として、本件時間外規程に基づき支払われるもの以外の時間外労働等に対する割増賃金を年俸1,700万円に含める旨の本件合意がなされていたものの、このうち時間外労働等に対する割増賃金に当たる部分は明らかにされていず、「本件合意によっては、上告人に支払われた賃金のうち時間外労働等に対する割増賃金として支払われた金額を確定することすらできないのであり、上告人に支払われた年俸については、通常の労働時間の賃金に当たる部分と割増賃金に当たる部分とを判別することはできない」として、被上告人の上告人に対する年俸の支払いにより、上告人の時間外労働及び深夜労働に対する割増賃金が支払われたということはできないと認定しました。

$Q4$　判決が与える影響はどうでしょうか

高額の年俸の場合でも、時間外労働や深夜労働に対する割増賃金が合意した

年俸の中にあらかじめ含まれていると認められるためには、通常の労働に対する賃金と明確に区分されていること、その金額によって支払い済みとなる時間外労働時間数等が明らかになることが必要としました。

　固定残業代の利用が増加していますが、合意の明確性が重要であることが確認されました。

判決要旨

　「本件合意によっては、上告人に支払われた賃金のうち時間外労働等に対する割増賃金として支払われた金額を確定することすらできないのであり、上告人に支払われた年俸については、通常の労働時間の賃金に当たる部分と割増賃金に当たる部分とを判別することはできない。

　したがって、被上告人の上告人に対する年俸の支払により、上告人の時間外労働及び深夜労働に対する割増賃金が支払われたということはできない。」

九州惣菜事件

————— 平29・9・7　福岡高判

定年前に比べて75％減となる再雇用後の賃金、合理的理由認められず不法行為で慰謝料100万円支払え

定年後再雇用された従業員が、再雇用後の賃金が時給900円で週3日勤務など定年時より大幅に減額されたことから、定年時の8割相当額の支払いと地位確認、不法行為による慰謝料500万円など合計2,163万円余りと遅延損害金の支払いを求めた事件。1審判決は請求をいずれも認めず棄却しました。2審の本判決は、不法行為の慰謝料について100万円の支払いを認めました。

◇□。◇□。◇□。◇□。

Q1　どんな事件ですか

　被控訴人Y社に雇用され定年に達した控訴人Xが、主位的請求としてYに対して、定年後もYとの間に雇用契約が存在し、その賃金について定年前の8割相当とするとの黙示的合意が成立していると主張して、地位確認請求と定年した日からの退職前の賃金の8割相当額（月額27万7,200円）の支払いを求め、予備的請求として、YがXに対して定年後再雇用契約に向けた条件提示に際して賃金が著しく低廉で不合理な労働条件の提示しか行わなかったことは、Xの再雇用の機会を侵害する不法行為を構成すると主張して、逸失利益として金1,663

万2,000円及び慰謝料500万円の合計2,163万2,000円及びこれに対する遅延損害金の支払いを求めた事件の控訴審です。第1審ではXの請求はいずれも棄却されました。

Q2 何が争点となったのでしょうか

　Xに労働契約上の地位が認められるか（主位的請求）及びYが不法行為責任を負うか（予備的請求）です。第1審では、再雇用に至らなかったのだからXはYとの間で労働契約上の権利を有する地位にあると認めることはできない、Yが提示した労働条件が不合理なものとまでは認め難く、ほかにXの主張を裏付ける的確な主張立証もないことから、Yについて不法行為の成立を認めることはできないとしてXの請求をすべて棄却しました。なお、Xが定年するに際してYから提示された再雇用の条件（以下、「本件提案」といいます）は、定年前のXの月給がフルタイム勤務で33万5500円であったのに対して、パートタイムで時給900円、週3日実働6時間勤務というものでした。これに対してXはフルタイム勤務を希望し、賃金については、Yが再雇用の提案に当たって合理的裁量を適切に行使すれば少なくとも定年前の8割の水準の労働条件を提案したものと考えられると主張し、同主張に基づく労働契約上の地位確認を求めていました。

Q3 判決の具体的な内容はどうだったのですか

　主位的請求である地位確認請求については控訴棄却となりましたが、予備的請求である不法行為に基づく損害賠償請求については、慰謝料として100万円の支払いを命じました。

　定年退職後の再雇用については、Yが設けた継続雇用制度に基づきXは再雇用を希望していましたが、Yが提示した再雇用の労働条件（本件提案）をXが応諾していないから、XとYとの間において、具体的な労働条件を内容とする定年後の労働契約につき、明示的な合意が成立したものと認めることはできないとしました。Yの定年後再雇用規程上、「就業条件等は個別に定める。再雇用に当たって会社が提示する労働条件は正社員時の労働条件とは異なることもある」とのみ規定されており、就業規則により賃金等のXの労働条件が自ずと定

まることはなく、高年齢者雇用安定法9条1項2号の継続雇用制度は、再雇用後の労働条件が定年前と同一であることを要求しているとは解されないので、当事者の具体的合意以外の規範、基準等により労働条件を確定できない場合に抽象的な労働契約関係の成立を認めることはできないというべきであると判断しました。

　一方、不法行為の成立に関して、「高年法9条1項2号の継続雇用制度の下において、事業主が提示する労働条件の決定は、原則として、事業主の合理的裁量に委ねられているものと解される」としたうえで、「高年法9条1項に基づく高年齢者雇用確保措置を講じる義務は、事業主に定年退職者の希望に合致した労働条件の雇用を義務付けるといった私法上の効力を有するものではないものの、その趣旨・内容に鑑みれば、労働契約法制のかかる公序の一内容を為しているというべきであるから、同法（同措置）の趣旨に反する事業主の行為、例えば、再雇用について、極めて不合理であって、労働者である高年齢者の希望・期待に著しく反し、到底受け入れがたいような労働条件を提示する行為は、継続雇用制度の導入の趣旨に反した違法性を有するものであり、事業主の負う高年齢者雇用確保措置を講じる義務の反射的効果として当該高年齢者が有する、上記措置の合理的運用により65歳までの安定的雇用を享受できるという法的保護に値する利益を侵害する不法行為となりうると解すべきである」と述べました。定年延長及び定年制の廃止と並んで継続雇用制度の一つである定年後再雇用においても定年前後における労働条件の継続性・連続性が一定程度、確保されることが前提ないし原則となると解するのが相当であるとして、「例外的に定年退職前のものとの継続性・連続性に欠ける（あるいはそれが乏しい）労働条件の提示が継続雇用制度の下で許容されるためには、同提示を正当化する合理的な理由が存することが必要であると解する」と判断しました。

　そのうえで、定年後に予定された担当業務量などを認定したうえで、労働時間を定年前の約45％減のパートタイマーとして再雇用し、月収については約75％減となる再雇用後の労働条件は、定年退職前の労働条件との継続性・連続性を一定程度確保するものとは到底いえないし、高年齢雇用継続基本給付が月額1万4,610円程度給付される見込みであったこと等を考慮したとしても本件提案を正当化する合理的理由があるとは認められないとし、不法行為の成立を

認めました。Xの損害については、Yの不法行為と相当因果関係のある逸失利益を認めることはできず、慰謝料額として100万円の支払いを認めました。

Q4 判決が与える影響はどうでしょうか

　定年後再雇用制度において、再雇用の労働条件が定年前の労働条件と一定の継続性・連続性を求める判断は必ずしも一般的なものとは認められません。そもそも、定年後再雇用制度においては、関係会社での雇用の提案も可能であり、定年前と雇用主も業務内容も変更となることが制度上予定されていると考えるべきであり、不法行為が成立する事案は限定的に解すべきと考えます。

判決要旨

　「控訴人は、正社員が定年後再雇用される場合、フルタイムで賃金を月額約25万円とする労働慣行があった旨主張するが、控訴人の指摘する4名の事例のみから、直ちに控訴人の定年当時、上記慣行が存在したと認めることはできない。」

トライグループ事件

―――――― 平30・2・22　東京地判

年功序列的賃金制度から成果主義・能力主義型賃金へ
総原資減少せず評価による減額なら不合理ではない

年功序列的な賃金制度から個人の業務能力を反映する賃金制度への就業規則の変更が不利益変更に当たり、賃金減額が無効であるとして差額の支払いや不法行為による慰謝料の支払いなどを求めた事件。判決は賃金原資が減額されない場合は、賃金制度ではなく人事評価の結果で平等性が確保されているなど総合的にみて有効と判断しました。

◇◦。◇◦。◇◦。◇◦。

Q1　どんな事件ですか

　X（原告）は、家庭教師派遣、個別指導塾等を業とする従業員約200名のY社（被告）との間で、平成24年8月に期間の定めのない雇用契約を締結しました。

　雇用契約の内容では業務内容は総務人事、財務経理、情報システム等の専門業務、その他会社が指示する業務とされ、賃金は基本給42万9,000円と定められていました。その後、Yは平成26年3月29日及び同年4月1日に就業規則及び給与規程をはじめとするその附属規程（以下、これらの規定を総称して「就業規則等」といいます）を改正し（以下、「本件就業規則変更」といいます）、年

功序列的な賃金制度から個人の業務能力を適正に給与額に反映して成果還元（インセンティブ）の要素を強化できるような給与体系に変更しました。

　XはYに対し、本件就業規則変更が、労働条件の不利益変更に当たるとして変更後の就業規則等の無効確認、変更後の就業規則等に基づき、Xの人事評価が反映された結果、減額支給された給与と当初の労働契約で定められた給与との差額の支払い、さらに、YがXに対して行った配置転換命令が無効であることを前提として配置転換先での就労する義務がないことの確認及びYがXに対して行った給与減額、関連会社への出向命令、出向先での上司の言動、前記の配転命令等が違法であるとして不法行為に基づく慰謝料の支払い等を求めてYを提訴しました。本稿では本件就業規則変更に関する請求について論じます。

Q2 何が争点となったのでしょうか

　本件就業規則変更に関連する請求については、本件就業規則変更が有効か（争点1）、本件就業規則変更が有効であった場合、Xについて労働契約法10条ただし書の適用により新給与規程の適用を受けずに従前の労働条件によることになるか（争点2）、Xの給与減額の根拠となった平成26年11月以降の各人事評価につきYの裁量権の逸脱、濫用があるか（争点3）が問題となります。

Q3 判決の具体的な内容はどうだったのですか

　本件就業規則変更後の就業規則の無効確認請求は訴えの利益を欠くとして請求が却下され、その余の請求はすべて棄却されました。

　争点1について、裁判所は「就業規則により、年功序列的な賃金制度を人事評価に基づく成果主義・能力主義型の賃金制度に変更する場合において、当該制度変更の際に、賃金の原資総額が減少する場合と、原資総額は減少せず、労働者全体でみれば、従前と比較して不利益になるわけではなく、個々の労働者の賃金の増額と減額が人事評価の結果として生ずる場合とでは就業規則変更の合理性の判断枠組みを異にするというべきである。すなわち、賃金原資総額が減少する場合は別として、それが減少しない場合には、当該労働者の賃金を直接的、現実的に減少させるのは、賃金制度変更の結果そのものというよりも、当該労働者についての人事評価の結果であるから、前記の労働者の不利益の程

度及び変更後の就業規則の内容の合理性を判断するに当たっては、給与等級や業務内容等が共通する従業員の間で人事評価の基準や評価の結果に基づく昇給、昇格、降級及び降格の結果についての平等性が確保されているか否か、評価の主体、評価の方法及び評価の基準、評価の開示等について、人事評価における使用者の裁量の逸脱、濫用を防止する一定の制度的な担保がなされているか否かなどの事情を総合的に考慮し、就業規則変更の必要性や変更に係る事情等も併せ考慮して判断すべきである」と述べて、本件では昇給、昇格等の平等性の確保や人事評価制度の合理性を重視して本件就業規則変更の合理性の判断を行うことを明らかにしました。

　そのうえで、「本件就業規則変更は、経営上の必要性に合致する成果主義、能力主義型の賃金制度を導入するものであり、賃金の原資総額を減少させるものではなく、濫用、逸脱を防止する一定の制度的担保がある人事評価制度に基づいて昇給、降級等が平等に行われるなど、合理性のある新たな制度に変更するものであるから、有効」と結論付けました。

　争点2について、労働契約法10条ただし書が適用されるためには、就業規則によっては労働条件が変更されないことについて、明示、明文で合意するまでの必要はないが、当事者間で、就業規則によっては変更されない労働条件としての合意が成立していると解釈、評価するに足りる事象が必要であるとし、Xの採用時にXの月額給与が決まったのは、Xの前職の年俸を参考に算出されたものであるが、雇用契約書の賃金欄には、昇給、降給（降格）については、就業規則によるとの定めがあり、かつ、賃金額についてXとの合意による変更以外の方法を排除する定めがないこと、Xが通常の一般職でYの他の従業員と異なる特別な労働条件を前提としたものとは認められないこと、年俸制もとられていないこと等を理由として、Xの賃金額について、就業規則の変更によっては変更されない労働条件として認めることはできないと判断しました。

　争点3については、Xの業務態度や上長とのコミュニケーション等の各事実に基づき、YがXの業務態度、業務遂行、改善及び組織環境構築等の各評価項目について、最低の評価を継続していることにつき、事実の基礎を欠くまたは事実に反する評価が合理性を欠くなどの事情があるとはいえず、Yが人事評価と関係ない不当な動機、目的に基づいて評価を行ったとも認められないことか

ら、Yに裁量権の範囲の逸脱、濫用があったということまではできないと認定しました。

$Q4$　判決が与える影響はどうでしょうか

　賃金原資総額を減少させることのない賃金制度の変更について、その合理性を幅広く認める判断を行ったことが注目されます。企業の経営環境の変化等から、年功序列型の賃金制度の変更の必要性は高いものと認められ、今後も同様の制度変更を検討する際の参考にされるべき判断です。

判決要旨

　「人事評価において、評価項目をどのように構成し、どの項目をどの程度重視するかは、使用者が、現在及び将来の事業運営において、労働者にどのような業績を求め、そのためにどのような能力開発、人材育成を図っていくかといった事業経営上の観点を反映したものとなるのであるから、評価項目や、給与への反映において各項目のうちどの項目をどの程度重視するかは、原則として使用者の裁量に委ねられるというべきである。」

ナック事件

外勤営業の訪問スケジュールに上司の指示なく、出張報告書も簡易なもので事業場外みなし制は有効

不正な営業活動を行ったとして会社から損害賠償を請求された外勤営業社員が、事業場外労働のみなし労働時間制が適用されないとして未払いの残業代などを請求した事件。1審は残業代191万円と75万円の付加金を認容しましたが、控訴審の本判決では訪問スケジュールを上司が指示していないことや出張報告書が簡易なものであったことから事業場外みなし制度を有効と判断。請求は棄却されました。

◇□。◇□。◇□。◇□。

Q1 どんな事件ですか

　X（原告、反訴被告、控訴人、被控訴人）は企業コンサルティング等を目的とするY株式会社（被告、反訴原告、控訴人、被控訴人）に営業担当社員として勤務していました。XにはYでの勤務期間中、労働時間について事業場外みなし制が適用されていました。一方、Xは顧客との契約に関する不正行為で遅くとも平成26年3月4日までにYから懲戒解雇されました。懲戒解雇処分が行われる前にYはXを平成25年12月19日から自宅待機を命じ、この自宅待機中に賃金を支払いませんでした。

　XはYに対し勤務中の未払い残業代、付加金、無給扱いとされた本件自宅待機中の賃金、営業経費の立替金及び不当利得の支払いを求め、YはXが不正な営業活動を行ったことによる損害賠償金の支払いを求めて反訴しました。

　第1審では、Xが請求した残業代等の請求に関し、残業代191万円及び付加金75万円の限度で認容しました。なお、Xからは自宅待機中の賃金支払い、営業経費の立替金及び不当利得の支払いが求められましたが、いずれも棄却されました。YのXに対する損害賠償として1,373万円余の支払いが認められました。

　いずれについてもX、Yは自己の敗訴部分を不服として控訴しました。控訴審ではXの請求はすべて棄却になりました。なお、残業代以外についての解説は省略しました。

Q2　何が争点となったのでしょうか

　Xに対する事業場外みなし制の適用の可否です。

　Xの業務は顧客を訪問して商品の購入等を勧誘するいわゆる営業活動です。Xは「訪問のスケジュールがあらかじめ確定され、基本的にそれを遵守することが求められており、上司から訪問について具体的に指示されたり、訪問の回数や時間について指示されたりすることもあった。出張報告書とスケジュール管理ソフトを併用すれば、容易に顧客訪問時間とそのための移動時間等を確認することができ、毎回ではなくても訪問先の顧客を確認することも可能で、YにおいてXの勤務の状況を具体的に把握できる」と主張して、「労働時間を算定し難いとき」には該当しないと主張しました。第1審においては事業場外みなし制の適用は否定されました。

　また、事業場外みなし制が適用される場合でも、みなし労働時間に関する労使協定の有効性、みなし時間の妥当性が争点になりました。

Q3　判決の具体的な内容はどうだったのですか

　事業場外みなし制の適用を認めて、残業代等の請求を棄却しました。

　判決では、Xの従事していた業務について、「訪問のスケジュールは、チームを構成するXを含む営業担当社員が内勤社員とともに決め、スケジュール管理ソフトに入力して職員間で共有されていたが、個々の訪問スケジュールを上司

が指示することはなく、上司がスケジュールをいちいち確認することもなく、訪問の回数や時間もＸら営業担当社員の裁量的な判断に委ねられていた」と認め、事後の報告についても「その結果がその都度上司に報告されるというものでもなかった。帰社後は出張報告書を作成することになっていたが、出張報告書の内容は極めて簡易なもので、訪問状況を具体的に報告するものではなかった」とし、上司がＸらに訪問スケジュール等について個別的な指示をすることはそれほど多くなく、上司がＸの報告の内容を確認することもなかったと認めました。

　このような状態での勤務について、「Ｘが従事する業務は、事業場外の顧客の元を訪問して、商品の説明や販売医薬の勧誘をするものであって、顧客の選定、訪問の場所及び日常のスケジュールの設定および管理が営業担当社員の裁量的な判断に委ねられており、上司が決定したり、事前にこれを把握して、個別に指示したりすることはなく、訪問後の出張報告も極めて簡易な内容であって、その都度具体的な内容の報告を求めるというものではなかったのであるから、Ｘが従事していた業務に関して、使用者が労働者の勤務の状況を具体的に把握することは困難であったと認めるのが相当である」と判断しました。

　労使協定の有効性については、事業場の従業員代表者の選出について「○○さんを従業員代表とすることに同意します」と記載された同意書に当該事業場の従業員が署名捺印する方法がとられていたとして、過半数代表者の選任手続きを有効と認め、このような方法で選任された過半数代表者と締結した1日の労働時間を9時間とみなす労使協定は有効と解するのが相当であると判断しました。事業場外みなし制の労使協定に基づいてＸの労働時間が9時間とみなされており、Ｙがこれに対応する賃金を支払っていたとして残業代請求及び付加金請求は棄却されました。

$Q4$　判決が与える影響はどうでしょうか

　従業員の労働時間の把握と管理が厳格に求められるようになりましたが、顧客を訪問して営業活動を行う社員の場合は、スケジュールの決定、管理、その実施や事後の報告についても、社員の裁量的判断に委ねるところが大きいため、事業場外みなし制が有効に成立するものです。同様の働き方の社員の時間

管理に対応する制度導入が明確に可能となります。

判決要旨

　「一審被告のコンサルティング事業部が事業場外労働みなし制度を採
用しており、このことは、営業社員が所属する各事業場では当然のこと
として認識が共有されていたとみることができるから、残業時間に関す
る協定が事業場外労働みなし制度（労基法38条の２第２項）に関する協
定を指すことは、一審原告が所属していた各支店においても周知の事実
であったと認められる。」

日本ケミカル事件

平30・7・19　最二小判

約28時間分の時間外割増に相当する額の業務手当、契約書の記載や勤務状況から時間外労働の対価と認定

　賃金月額56万2,500円とされていた薬剤師が「残業手当含む」とされていたものの残業手当とそれ以外の手当が明確に区分されていないとして、未払いの時間外割増賃金の支払いを求めた事件。1審は業務手当をみなし時間外手当と認めましたが、2審は訴えの内容を認め約140万円の支払いを命じました。しかし、本件判決で最高裁は、業務手当は契約上で時間外割増分と記載していることや勤務状況と乖離していないことから、時間外労働の対価だとする会社の主張を認め高裁に差し戻しました。

◇◻。◇◻。◇◻。◇◻。

Q1　どんな事件ですか

　保険調剤薬局の運営を主たる業務とするY株式会社（被告、被控訴人、上告人）に平成24年11月10日に入社した薬剤師であるX（原告、控訴人、被上告人）は、Yに対し、平成25年1月21日から同26年3月31日までの間の未払時間外割増賃金等392万5,164円うち363万6,689円に対する平成26年12月27日から支払済みまで年6分の遅延損害金と付加金363万6,699円及び判決確定の日の翌日から支払済みまで年5分の遅延損害金の支払いを求めて提訴しました。第1審（東

京地裁立川支部）では、未払い時間外割増賃金等として25万6,772円うち23万
4,071円に対する平成26年12月27日から支払済みまで年6分の遅延損害金が認
容され、付加金の支払請求は棄却されました。

　これに対し、Xが控訴したところ、原審（東京高裁）は、未払時間外割増賃
金139万1,747円うち129万221円に対する平成26年12月27日から支払済みまで年
6分の遅延損害金と付加金100万円と判決確定の日の翌日から支払済みまで年
5分の遅延損害金の支払いを命じました。

　この判決に対し、Yが上告しました。

$Q2$ 何が争点となったのでしょうか

　定額の業務手当の支払いによって時間外割増手当の支払いと認めることがで
きるかどうかです。

　X、Y間の雇用契約書では賃金は月額56万2,500円（残業手当含む）と記載さ
れ、給与明細書では月額給与46万1,500円、業務手当10万1,000円と区分され、採
用条件確認書では月額給与46万1,500円、業務手当10万1,000円はみなし時間外
手当とし、時間外勤務手当の取り扱いについて年収に見込み残業代を含むが、
みなし残業時間を超えた場合はこの限りではないとされていました。賃金規程
では、業務手当は、一賃金支払期において時間外労働があったものとみなして、
時間外手当の代わりとして支給すると規定され、X、Y間で締結された確認書
には業務手当は、「固定時間外労働賃金（時間外労働30時間分）として毎月支給
します。一賃金計算期間における時間外労働がその時間に満たない場合であっ
ても全額支給します」と記載されていました。

　第1審では、業務手当はみなし時間外手当と認めました。一方、原審では、
「いわゆる定額残業代の仕組みは、定額以上の残業代の不払の原因となり、長時
間労働による労働者の健康状態の悪化の要因にもなるのであって、安易にこれ
を認めることは、労働関係法令の趣旨を損なうことになり適切でない」とし、
本件では業務手当の支払いを法定の時間外手当の全部または一部の支払いとみ
なすことはできないとしました。

Q3　判決の具体的な内容はどうだったのですか＿＿＿＿＿

　業務手当の支払いは時間外割増手当の支払いと認められるとして、原判決を取り消して差し戻しとなりました。

　時間外手当については、労働者に支払われる基本給や諸手当にあらかじめ含めることにより割増賃金を支払うという方法自体が直ちに労働基準法37条に反するものではなく、使用者は、労働者に対し、雇用契約に基づき、時間外労働等に対する対価として定額の手当を支払うことにより、同条の割増賃金の全部または一部を支払うことができるとしました。

　ある手当が時間外労働等に対する対価として支払われるものとされているか否かは、「雇用契約に係る契約書等の記載内容のほか、具体的事案に応じ、使用者の労働者に対する当該手当や割増賃金に関する説明の内容、労働者の実際の労働時間等の勤務状況などの事情を考慮して判断すべきである」としました。

　本件では契約書、賃金規程等において、月々支払われる所定賃金のうち業務手当が時間外労働に対する対価として支払われる旨が記載されていました。確認書も同様の記載があり、Ｙの賃金体系においては、業務手当が時間外労働等に対する対価として支払われるものとして位置付けられていたと認めました。

　また、業務手当の金額は約28時間分の時間外労働に対する割増手当に相当するものであり、被上告人の実際の時間外労働等の状況と大きく乖離するものではないと認めて、「被上告人に支払われた業務手当は、本件雇用契約において、時間外労働等に対する対価として支払われるものとされていたと認められるから、上記業務手当の支払いをもって、被上告人の時間外労働等に対する賃金の支払とみることができる」と判断しました。

Q4　判決が与える影響はどうでしょうか＿＿＿＿＿＿＿

　定額の手当の支給によって、時間外割増手当の支払いと認められる要件について、労働契約に明示されていること、実際の時間外労働時間数の状況と大きく乖離していないことが必要であることが明らかにされました。

　すでに職業安定法の改正によって定額時間外手当の支払いがある場合は、人材募集広告の時点からその内容が開示されることが必要とされています。定額

時間外手当の支給がある事例の紛争の適切な解決につながる重要な判例です。

判決要旨

「労働者に支払われる基本給や諸手当にあらかじめ含めることにより割増賃金を支払うという方法自体が直ちに同条に反するものではなく（前掲最高裁第二小法廷判決参照）、使用者は、労働者に対し、雇用契約に基づき、時間外労働等に対する対価として定額の手当を支払うことにより、同条の割増賃金の全部又は一部を支払うことができる。」

「雇用契約においてある手当が時間外労働等に対する対価として支払われるものとされているか否かは、雇用契約に係る契約書等の記載内容のほか、具体的事案に応じ、使用者の労働者に対する当該手当や割増賃金に関する説明の内容、労働者の実際の労働時間等の勤務状況などの事情を考慮して判断すべきである。」

日本郵便（更新上限）事件

———————————————— 平30・9・14　最二小判

65歳以降の有期労働契約を更新しない旨の就業規則、旧公社からの労働条件の変更ではなく有効

　期間の定めのある労働契約を締結して郵便関連業務に従事していた労働者が65歳到達後に雇止めされたことについて、雇止めが無効であることと地位確認、賃金の支払いを求めた事件。65歳以後の雇止め規定は旧公社時代はなく、民営化された新会社の就業規則によるものでした。原審は、上限条項は不利益変更を前提に判断すべきとしたものの適法として請求を棄却しました。本件判決で、最高裁は民営化された新会社と旧公社は法的性質を異にしているとしてこれを否定しましたが、就業規則は合理的なものとして結果として請求を棄却しました。

◇□。◇□。◇□。◇□。

Q1　どんな事件ですか

　Xら（原告、控訴人、上告人）は平成19年9月30日に郵政民営化前の特殊法人であった日本郵便公社（以下、「旧公社」といいます）を組織変更に伴って退職し、同年10月1日に民営化されたY株式会社（被告、被控訴人、被上告人）に入社しました。旧公社当時は非常勤職員でしたが、Yとの間では時給制の期間雇用社員として6ヵ月以内の有期労働契約を締結して7回から9回の契約更

新を行った後、いずれも65歳に到達した後に有期労働契約が更新されず退職とされました（以下、「本件雇止め」といいます）。

Yの就業規則にはYが必要とし、期間雇用社員が希望する場合、有期労働契約を更新することがある旨が定められており、また、「会社の都合による特別な場合のほかは、満65歳に達した日以降における最初の雇用契約期間満了の日が到来したときは、それ以降、雇用契約を更新しない」と定められていました（以下、「本件上限条項」といいます）。

Xらは労働契約上の地位の確認及び本件雇止め後の賃金の支払いを求める請求を行いましたが、地裁、高裁のいずれにおいても請求が棄却され、上告しました。

Q2 何が争点となったのでしょうか

第1に本件上限条項を定めた就業規則が合理的な労働条件を定めたものとして労働契約の内容となるか（労働契約法7条）、第2に本件雇止めが適法か（労働契約法19条）です。

Q3 判決の具体的な内容はどうだったのですか

第1の争点について、以下のとおり本件上限条項について判示して就業規則の内容が合理的であると認めました。「本件上限条項は、期間雇用社員が屋外業務等に従事しており、高齢の期間雇用社員について契約更新を重ねた場合に事故等が懸念されること等を考慮して定められたものであるところ、高齢の期間雇用社員について、屋外業務等に対する適性が加齢により逓減しうることを前提に、その雇用管理の方法を定めることが不合理であるということはできず、Yの事業規模等に照らしても、加齢による影響の有無や程度を労働者ごとに検討して有期労働契約の更新の可否を個別に判断するのではなく、一定の年齢に達した場合には契約を更新しない旨をあらかじめ就業規則に定めておくことには相応の合理性がある。そして、高年齢者等の雇用の安定等に関する法律は、定年を定める場合には60歳を下回ることができないとしたうえで、65歳までの雇用を確保する措置を講ずべきことを事業主に義務付けているが（8条、9条1項）、本件上限条項の内容は同法に抵触するものではない」。旧公社時代には

一定年齢に達したものの任用を行わない旨の定めがなく、65歳を超えて郵便関連業務に従事していた非常勤職員が相当数いたことについても、これらの事情を持っても旧公社の非常勤職員が満65歳を超えて任用される権利または法的利益を有していたとはいえないとしました。

　また、原審が本件上限条項について旧公社から引き継がれた労働条件を労働者に不利益に変更したものであることを前提とした判断を行ったことについては、Yが郵政民営化法に基づいて設立された株式会社であって旧公社とは法的性質を異にしていること、旧公社の非常勤職員は旧公社を退職しており、職員の承継について定めた郵政民営化法の適用はなく、本件上限条項を定めたことにより旧公社当時の労働条件を変更したものとは認められないとしました。

　そのうえで、本件上限条項を定めた就業規則が周知されており、本件上限条項は本件各有期労働契約の内容となっていたと認めました。

　第2の争点について、Xらの有期労働契約には本件上限条項の定める労働条件が労働契約の内容となっており、Xらは本件雇止めの時点でいずれも満65歳に達していたので、本件各有期労働契約は、更新されることなく期間満了によって終了することが予定されていたものであったと認めました。

　これらの事情から複数回の更新は行われていますが、XらとYとの間の各有期労働契約は、本件雇止めの時点において、実質的に無期労働契約と同視し得る状態にあったということはできないとしました。

　さらに、本件上限条項についてあらかじめ周知されていたこと、Xらに本件上限条項により満65歳以降における契約の更新がされない旨を説明する書面が交付されていたこと、すでに周囲の期間雇用社員が本件上限条項による雇止めを受けていたことを認定し、「本件事実関係の下においては、Xらにつき、本件各雇止めの時点において、本件各有期労働契約の期間満了後のその雇用関係が継続されるものと期待することに合理的な理由があったということはできない」として本件雇止めは適法であり、本件各有期労働契約は期間満了によって終了したものというべきであると判断しました。

$Q4$　判決が与える影響はどうでしょうか

　有期労働契約の年齢による更新上限を定める就業規則の合理性を認め、更新

上限条項が労働契約の内容となり、雇止めが適法であることを判断した事例として重要です。

　ただし、労働契約法18条により5年を超えて更新した場合には無期労働契約に転換することが認められることを考えると、多数回の更新を行った高齢の有期労働契約者の存在は少なくなるとも考えられます。

判決要旨

　「なお、原審は、本件上限条項に基づく更新拒否の適否の問題は、解雇に関する法理の類推により本件各雇止めが無効になるか否かとは別の契約終了事由に関する問題として捉えるべきものであるとしている。しかしながら、正社員が定年に達したことが無期労働契約の終了事由になるのとは異なり、上告人らが本件各有期労働契約の期間満了時において満65歳に達していることは、本件各雇止めの理由にすぎず、本件各有期労働契約の独立の終了事由には当たらない。」

イクヌーザ事件

平30・10・4　東京高判

月80時間相当の固定残業代の定めは時間外労働の抑制という機能を喪失させるもので公序良俗に反し無効

退職した社員が在職期間中の未払い時間外割増賃金、深夜割増賃金と遅延損害金及び付加金を請求した事件。この会社では基本給に月80時間に相当する割増賃金を含むこととしていました。1審判決はこれを公序良俗に反しないとして請求を認めませんでしたが、控訴審の本判決は長時間の時間外労働を恒常的に行わせることを予定しているなどで公序良俗に反し無効と判断しました。

◇｡◇｡◇｡◇｡

Q1 どんな事件ですか

アクセサリー等の企画、製造、販売等を営むY社（被告、被控訴人）に対し、平成26年1月6日に正社員として入社したX（原告、控訴人）が、平成27年5月31日に退職した後に在職期間中の未払い時間外割増賃金、深夜割増賃金合計205万0,194円及びこれに対する遅延損害金の支払いを求めるとともに、労働基準法114条に基づく付加金205万0,194円及びこれに対する遅延損害金の支払いを求めた事件です。

X、Y間の期間の定めのない雇用契約（以下、「本件雇用契約」といいます）

には月額賃金が23万円（平成26年4月16日以降は26万円）との定めがあり、Yの就業規則では基本給は、基本月額と時間外月額の合計額であること、時間外月額は雇用契約書及び労働条件通知書等により個別に通知することと定められていました。Yに入社する際にXに対し、労働条件通知書及び雇用契約書（以下、「本件雇用契約書」といいます）が作成交付されて、基本給23万円のうち8万8,000円は月間80時間の時間外勤務に対する割増賃金とすることが明記されていました。平成26年4月16日以降については、年俸通知書（以下、「本件年俸通知書」といいます）において基本給を26万円とすることと、基本給のうち9万9,400円は月間80時間の時間外勤務に対する割増賃金とすることが明記されていました。

　Xの請求に対し、第1審判決では本件雇用契約における基本給に80時間分の固定残業代が含まれることについて、「本件雇用契約書ないし本件年俸通知書で明示しているうえ、給与明細においても、時間外労働時間数を明記し、80時間を超える時間外労働については、時間外割増賃金を支払っていることが認められ、基本給のうち通常の労働時間の賃金に当たる部分と時間外労働の割増賃金の部分を明確に区分することができる」とし、「1か月80時間の時間外労働が上記限度時間（注・1か月45時間のこと）を大幅に超えるものであり、労働者の健康上問題があるとしても、固定残業代の対象となる時間外労働時間数の定めと実際の時間外労働時間数とは常に一致するものではなく（中略）直ちに当該固定残業代の定めが公序良俗に反すると解することもできない」と判断して、本件雇用契約の固定残業代の定めを有効とし、Xの時間外割増賃金等の請求について8,366円のみ認容し、付加金の支払いは認めませんでした。この判決を不服としてXが控訴しました。

Q2 何が争点となったのでしょうか

　固定残業代の定めの有無及びその効力です。Xは本件雇用契約において、仮に、Y主張のような月間80時間相当の固定残業代の定めがあるとしても、このような定めは、時間外労働を抑制するという割増賃金の機能を喪失させ、労基法その他の法令が労働時間を規制している趣旨に反し、これを没却するものであること、また、本件雇用契約における固定残業代が、恒常的に月間80時間前

後の残業をさせることを前提としたもので、実際にＸの残業時間が請求期間を平均して月間72時間超であり、80時間を超えることも複数回あったこと、Ｘに対する総支給額を前提に最低賃金をぎりぎり上回る範囲で固定残業代に対応時間数をできる限り長時間とすることを企図していること等を主張して、固定残業代の定めは公序良俗に反し無効であると主張しました。Ｙは仮に月間80時間の固定残業代の合意が公序良俗に反して無効であるとしても月間45時間の限度で基本給には固定残業代が含まれていたと認めるべきであると反論しました。

$Q3$　判決の具体的な内容はどうだったのですか

　Ｘの控訴を認め、Ｙに対し割増賃金として204万7,483円及びこれに対する遅延損害金と付加金として102万3,741円及びこれに対する遅延損害金の支払いを命じました。

　判決では、Ｘ、Ｙの本件雇用契約には基本給月額に月間80時間分相当の時間外勤務に対する割増賃金が含まれるという旨の定め（以下、「本件固定残業代の定め」といいます）があったと認めました。そのうえで、「１か月あたり80時間程度の時間外労働が継続することは、脳血管疾患及び虚血性心疾患等の疾病を労働者に発症させる恐れがあるものというべきであり、（中略）大きな問題があるといわざるを得ない」とし、「通常は、基本給のうちの一定額を月間80時間分相当の時間外労働に対する割増賃金とすることは、公序良俗に違反するものとして無効とすることが相当である」としました。

　また、本件固定残業代の定めが公序良俗に反すると判断される場合であっても、月45時間の残業に対する時間外賃金を定額により支払う旨の合意があったと解すべきであるとのＹの主張については、Ｘ、Ｙ間に月45時間の残業に対する時間外賃金を定額により支払うとの合意がされたことを基礎付けるような事情は何ら認められないうえ、部分的無効を認めると「とりあえずは過大な時間数の固定残業代の定めをしたうえでそれを上回る場合にのみ残業手当を支払っておくとの取り扱いを助長することになる」として、固定残業代の定めを全体として無効としました。なお、付加金については、未払い割増賃金の２分の１の限度で支払いを命じました。

$Q4$　判決が与える影響はどうでしょうか

　過大な固定残業代の合意が公序良俗違反として無効であり、賃金支払い方法の合意としてどのような内容であっても有効とされるものではなく、労働者の健康を損なうような内容の雇用契約の合意は認められません。

判決要旨

　「被控訴人は、控訴人が1か月に80時間を超える時間外労働時間をした場合や深夜労働をした場合には、控訴人に対し、時間外割増賃金ないし深夜割増賃金の支払を行っていたことや、雇用契約において、基本給のうちの一定額を一定時間に相当する時間外労働の割増賃金に当たる部分として定める場合に、当該一定時間の上限をどのように解すべきかについて、明確な判断基準が確立していたとはいい難いこと等の事情を勘案すると、前記4において被控訴人が控訴人に対して支払うべきと認定された時間外、深夜割増賃金額元本204万7,483円の5割に相当する102万3,741円をもって付加金額とするのが相当である。」

富国生命保険事件

平31・3・28　仙台地判

総合職加算及び勤務手当は法内残業手当の性質を有しており割増賃金算定の基礎に含まれない

　総合職として勤務していた従業員が退職後、在職中に行った時間外労働の割増賃金及びこれに対する遅延損害金等の支払いを求めた事件。判決は、始業前の準備行為は指揮命令下での労働時間とは認められず、終業時刻を打刻しなかった日はログオフの時刻を終業時刻と認めるとしました。また、総合職加算及び勤務手当については、いずれも法内残業手当としての性質を有していると判示。清算の便宜等のために残業時間にかかわらず法内残業手当の額を固定した結果、法内残業をした日の多寡によっては、法内残業の時間当たり対価が所定労働時間内の時間当たり対価を下回ったとしても、直ちに違法とはできないとしました。

◇。◇。◇。◇。

Q1　どんな事件ですか

　X（原告）は生命保険業等を主な目的とするY社（被告）との間で労働契約を締結して、総合職として勤務していましたが、在職中に時間外労働をしたと主張して、賃金請求権に基づく割増賃金262万2,974円とこれに対する退職の日後に到来した賃金支払い期日の翌日である平成29年6月21日から支払い済みま

で年14.6％の割合による遅延損害金（賃金の支払い確保等に関する法律の定めによる）と、上記割増賃金の不払いについて労働基準法114条に基づく付加金及びこれに対する本判決確定の日の翌日から年５％の割合による遅延損害金の支払いを求めた事件です。

$Q2$　何が争点となったのでしょうか

実労働時間の算定（争点１）と総合職加算及び勤務手当の性質（争点２）です。X、Y間の労働契約において、所定労働時間は午前９時から午後５時まで（うち休憩時間は正午から午後１時までの１時間）の７時間と定められていました。

争点１について、Xは毎日所定始業時間前から業務を開始し、終業時刻については人事システム（以下、「本件システム」といいます）の勤務実績入力を行わず「打刻忘れ」とした日が多数で、そのような日には午後10時まで稼働していたと主張しました。また、休憩時間についても１日１時間を確保できなかったし、勤務実績入力において「非稼働時間」と入力された時間は各月の残業時間の合計が36協定に抵触しないようにするために上司に指示されて入力したものであると主張しました。

これに対してYは、Xに対して始業時刻前に業務を命じたことはなく、始業時刻前に担務する業務もなかったこと、終業時刻はXが勤務実績として本件システムに終業時刻として打刻した時刻であると主張しました。終業時刻をXが入力しなかった日についてはパソコンのログオフ時間によるべきであるとし、YがXに終業時刻の打刻漏れ等を指示したことはないと主張しました。

総合職加算と勤務手当について（争点２）は、X、Y間の労働契約において、これらの支給対象者は、法内残業時間に対する時間外勤務手当の支給対象外とすると定められており、Yは総合職加算と勤務手当はいずれも法内残業手当としての性質を有しており、割増賃金を算定するに当たっての基礎賃金には含まれないと主張しました。これに対しXはこれらも基礎賃金に含まれると主張しました。

Q3　判決の具体的な内容はどうだったのですか——————

　YからXに対し17万0,063円とこれに対する平成29年6月21日から支払い済みまで年6パーセントの割合による遅延損害金の支払いのみを認容し、その余のXの請求を棄却しました。

　争点1について、始業時刻については所定労働時間である午前9時からの勤務を認め、終業時刻については本件システムに終業時刻を打刻した日については打刻時刻、打刻がない日はログオフ時刻を終業時刻と認めました。打刻がなくログオフ記録も残っていない日については、打刻忘れの日のうちログオフ記録が残っている日のログオフ時刻の平均時刻である午後9時30分を終業時刻と認めました。休憩時間については毎日1時間と認め、「非労働時間」についてもXが自ら入力したものとして実働時間から控除を認めました。

　争点2について、総合職加算と勤務手当は「給与規程においてその支給対象者は法内残業時間に対する時間外勤務手当の支給対象外と定められていることに照らすと、総合職加算も勤務手当も、法内残業時間に対する時間外勤務手当としての性質を有しているものと解するのが相当である」と判断しました。

　その金額については、「所定労働時間を超えていても、法定労働時間を超えていない法内残業に対する手当については、労働基準法37条の規制は及ばない。また、所定労働時間内の労働に対する対価と所定労働時間外の労働に対する対価を同一にしなければならない理由はないから、清算の便宜等のために残業時間にかかわらず法内残業手当の額を固定した結果、法内残業をした日の多寡によっては、法内残業に対する時間当たりの対価が、所定労働時間内の労働に対する時間当たりの対価を下回る結果になったとしても、それだけで直ちに違法ということはできない」としました。

　総合職加算と勤務手当は、時間外割増手当を計算する基礎賃金に算入されないだけでなく、その支払いによって法内残業に対する時間外手当が支払い済みと認められました。

Q4　判決が与える影響はどうでしょうか——————

　時間外労働に対する手当について、労働基準法37条の規制を受けない法内残

業とその規制を受ける法定時間外労働とを区分する労働契約の定めを有効と認めたものであり、労働基準法の解釈として正当な判断といえます。

判決要旨

　「特に残業をした日には、昼食以外の食事や喫煙、私用外出等、現実に就労目的で使用者の指揮命令下におかれている実質労働時間とは評価できない時間が相当時間に及ぶことは十分にあり得る。したがって、原告において『非労働時間』と判断した時間が２時間を超える日が相当数に及んだとしても直ちに不自然ということはできない。」

学校法人近畿大学事件

—— 平31・4・24　大阪地判

年功的な昇給実施の中で育児休業者に休業期間超える昇給抑制は「不利益取り扱い」で無効

　4月1日の定期昇給日をまたいで9ヵ月間育児休業をした大学講師が、育児休業を理由に定期昇給を行わなかったことは、育児介護休業法上の「不利益取り扱い」に当たるとして差額賃金の支払いを求めた事件。判決は、定期昇給日の前年度のうち一部の期間のみ育児休業をした者に対し定期昇給させない取り扱いは、育児休業を理由に、不就労であったことによる効果以上の不利益を与えるものであり「不利益取り扱い」に該当すると判断しました。

◇□。◇□。◇□。◇□。

Q1　どんな事件ですか

　X（原告）は平成24年4月1日に近畿大学等の学校を設置運営するY（被告）との間で期間の定めのない労働契約を締結し、近畿大学教職教育学部の講師として勤務していたところ、平成27年11月1日から同28年7月31日まで育児休業を取得しました。

　Yの職員給与規程では昇給について、「昇給は、通常4月1日に行う。昇給の資格のある者は、当年4月1日現在在職者で、原則として前年度12ヵ月勤務し

た者とする」と定められていました。また、育児休業に関する規程8条では「休業の期間は、昇給のために必要な期間に算入しない。昇給は原則として、復職後12ヵ月を勤務した直近の4月に実施すると定めていました（平成29年1月1日改正前、以下、「旧育休規程8条」といいます）。なお、Yは平成29年4月1日に同8条を「育児休業期間中は、定期昇給を行わないものとし、育児休業期間中に定期昇給日が到来したものについては、復職後に昇給させるのとする」と変更する改正を行いました。

　Xの本俸は、給与規程に基づく昇給により、Xが育児休業に入る前の平成25年4月に3級13号、同26年4月に3級14号、同27年4月に3級15号となりましたが、育児休業中の同28年4月は定期昇給が実施されずに3級15号に据え置かれ、同年8月1日に復職後における本俸も従前どおりの3級15号とされました。その後、同29年4月1日に定期昇給により3級16号となり、同30年4月1日には定期昇給と減年調整（中途入職者の勤続年数に関する調整を行って給与を改定する措置）により3級18号になりました。

　XはYが育児休業を取得したことを理由に定期昇給を行わなかったことは育児介護休業法10条の不利益な取り扱いに当たるとして、平成28年4月1日に定期昇給が行われた場合の本俸額を平成28年4月1日から3級16号、同29年4月1日からは3級17号に当たると主張し、これらの金額と実際の支給額の差額と慰謝料等を不法行為に基づく損害として請求しました（なお、XはYが行った減年調整等についても不法行為であると主張しましたが、本解説では省略します）。

Q2 何が争点となったのでしょうか

　Yが平成28年度にXを昇給させなかったことが、Xに対する不法行為となるか否かです。

　XはYの給与規程及び旧育休規程8条からすれば、1年の評価期間（4月1日から翌年3月31日まで）のうち一部でも育児休業を取得すると、翌年度の昇給が否定されることになり、評価期間をまたいで育児休業を取得した場合には翌年度のみならず翌々年度の定期昇給も実施されないことになり、さらに本俸の昇給抑制による経済的不利益は、単年度の減収にとどまらず将来的にも昇給

が遅れ続けることにより蓄積するうえ、賞与や退職金及び年金等本俸を算定基礎とするものにも影響するので、上記昇給抑制によるＸの経済的不利益は極めて大きく「不利益な取り扱い」に該当すると主張しました。これに対してＹは、教員の経歴や経験等から能力を評価して本俸を決定しており、昇給については、勤務を継続することによって経験を積み、職務能力が上がることを前提として実施しているもので、給与規程においても、勤務成績等により昇給を停止することができる旨規定され、休職期間は昇給のために必要な期間に算定されていないのであり、育児休業をその他の事由による欠勤、休暇、休業と比較して不利益に取り扱うものではないから、「不利益な取り扱い」には該当しないと主張しました。

Q3 判決の具体的な内容はどうだったのですか————

　判決では、育児休業をした労働者について、当該不就労期間を出勤として取り扱うかどうかは原則として労使間の合意に委ねられているとして、事業者に育児休業による不就労期間を出勤として取り扱うことまでが義務付けられているものではないとしました。したがって、旧育休規程８条が、育児休業期間を勤務期間に含めないものとしているからといって、直ちに「不利益な取り扱い」に該当するとまでいうことはできないとしました。しかし、本件昇給停止の取り扱いについては、定期昇給は昇給停止理由がない限り在籍年数の経過に基づき一律に実施されるものであっていわゆる年功賃金的な考え方を原則としたものと認めるのが相当であるにもかかわらず、旧育休規程８条では「昇給基準日（通常毎年４月１日）前の１年間のうち一部でも育児休業をした職員に対し、残りの期間の就労状況如何にかかわらず当該年度にかかる昇給の機会を一切与えないというものであり、これは定期昇給の上記趣旨とは整合しないと言わざるを得ない」と認めました。昇給不実施による不利益は将来的にも昇給の遅れとして継続することから、少なくとも定期昇給日の前年度のうち一部の期間のみ育児休業をした職員に対し定期昇給させない取り扱いは、育児休業をしたことを理由に、当該休業期間に不就労であったことによる効果以上の不利益を与えるものであって、育児介護休業法10条の「不利益な取り扱い」に該当すると解するのが相当であると判断しました。また、労働組合が旧育休規程８条の改正

を求めていたことに照らすと、Yには前記の違法な取り扱いをしたことについて、少なくとも過失があったと認められ、Xに対して定期昇給を行わなかったことに不法行為の成立を認めて、差額賃金の支払いを認容しました。

$Q4$　判決が与える影響はどうでしょうか

　育児休業等により、不就労に対応してその間の賃金の支払いを受けられないことは「不利益な取り扱い」には該当しないことは当然ですが、年功的な昇給が行われている場合に、実質的に不就労期間を超えて昇給の機会が失われることは「不利益な取り扱い」に該当することが明らかにされました。育児や介護を行う従業員が増加する中で、公正な取り扱いに十分注意が必要となります。

判決要旨

　「被告が主張するように育児休業以外の事由による休業の場合にも同様に昇給が抑制されるという事実があったとしても、原告は、上記のとおり本件育児休業をしたことを契機として昇給抑制による不利益を受けたといえるのであるから、本件育児休業と原告の不利益との間の因果関係は否定されず、育児介護休業法10条の適用は妨げられない。」

平尾事件

———————————— 平31・4・25　最一小判

賃金債権を放棄する労使の合意あっても合意の効果が帰属する事情なく減額分の支払い命じる

　貨物自動車運送会社を定年退職した労働者が、退職前に会社と労働組合が締結した労働協約に基づき減額された賃金及びその遅延損害金の支払いを求めた事件。1審及び控訴審は、賃金カットの協約締結後、労使がカットされた賃金債権を放棄することで合意したことから、賃金債権は消滅したとして請求を棄却しました。本判決では、労使の合意により賃金債権が放棄されたというためには、合意の効果が組合員に帰属することを基礎づける事情が必要であり、本件にはそうした事情はうかがわれないとして、請求を認めました。

◇◻。◇◻。◇◻。◇◻。

$Q1$　どんな事件ですか

　貨物自動車運送業を営むY社（被告、被控訴人、被上告人）に雇用されていたXが、Yに対し、労働協約により減額して支払うものとされていた賃金について、当該減額分の賃金（平成25年8月から同26年11月までの支給のもの）及びこれに対する遅延損害金の支払い等を求めた事件です。

　X、Y間の労働契約では、月例賃金は毎月20日締めの月末払いとされ、毎年

７月と12月に賞与を支払うとされていました。平成25年８月から同26年11月までの間のＸの月例賃金（家族手当、食事手当及び交通費を除く、以下同じ）は月額59万5,850円で、同25年12月及び同26年７月の支給分の賞与は各76万5,000円でした。Ｙの経営状態が悪化していたことから、Ｘが加入していた労働組合及びその神戸中央合同分会（以下、「組合等」といいます）とＹとの間で、平成25年８月28日に、平成25年８月支給の賃金から20％カットすること、カット期間は12ヵ月として、その後の取り扱いは労使双方協議のうえ、合意をもって決定すること、Ｙはカット分賃金のすべてを労働債権として確認すること等を主な内容とする労働協約（以下、「第１協約」といいます）を締結しました。ＹはＸに対して平成25年８月から同26年７月までの月例賃金については月額11万9,170円の合計143万0,040円を、同25年12月及び同26年７月支給分の賞与については各15万3,000円の合計30万6,000円をそれぞれ減額して支給しました。しかし、Ｙの経営状態が改善しなかったことから、Ｙと組合等との間で平成26年９月３日に、期間を平成26年８月支給分の賃金から12ヵ月とするほかは第１協約と同旨の労働協約（以下、「第２協約」といいます）を締結しました。ＹはＸに対し平成26年８月から同年11月までの支給分の月例賃金につき、月額11万9,170円合計47万6,680円を減額して支給しました。

　その後、ＸはＹに対し、平成26年12月14日に、本件各未払い賃金及びこれに対する遅延損害金支払いの訴訟を提起し、平成27年３月20日にＹを定年退職しました。

　Ｙの業績が回復しなかったことから、組合らとの間で平成27年８月10日に、同月分支払いの賃金から12ヵ月とするほかは第１協約と同内容の労働協約（以下、「第３協約」といいます）が締結されましたが、Ｙの生コンクリート運送事業部門は平成28年12月31日をもって閉鎖され、組合らはＹとの間で、第１協約及び第２協約によって賃金カットの対象とされた賃金債権についてこれを放棄するとの合意を行いました（以下、「本件合意」といいます）。

　ＸがＹに対して提訴した未払い賃金請求事件に対して、原審では、Ｙと組合等との間の各労働協約により支払いが猶予され、本件合意によって賃金債権が放棄されたことを理由に請求棄却とされ、Ｘがこの判決を不服として上告しました。

$Q2$　何が争点となったのでしょうか

　Yと労働組合等の合意の効果をXに帰属させる根拠が存在するか、また、具体的に発生した賃金請求権を事後に締結した労働協約の遡及適用によって処分または変更することができるかです。さらに、遅延損害金の発生時期に関連して支払いが猶予された賃金のその後の取り扱いについて、どのような事情により弁済期が到来するかが争点になりました。

$Q3$　判決の具体的な内容はどうだったのですか

　各協定締結前に具体的に発生したものの支払いが猶予されたとした部分及び本件合意によりXの各未払賃金にかかる債権が消滅したとされたことについては、「本件合意によりXの賃金債権が放棄されたというためには、本件各合意の効果がXに帰属することを基礎づける事情を要するところ、本件においては、この点について何らの主張立証はなく、(中略) 本件合意の効果がXに帰属することを基礎づける事情はうかがわれない」として、未払い賃金債権は消滅したとの原審を否定して請求を認容しました。

　各未払賃金債権の弁済期については、各協約締結前に発生していた部分については、そもそも支払猶予の効力は生じていないと判断し、第1協約締結後に発生した賃金について支払いが猶予され、その後の第2協約締結及び第3協約締結によって支払いの猶予が継続したものの、「平成28年12月31日にYの生コンクリート運送業務を行う部門が閉鎖された以上、その経営を改善するために同部門に勤務していた従業員の賃金の支払いを猶予する理由は失われたのであるから、遅くとも同日には第3協約が締結されたことにより弁済期が到来していなかったXの賃金についても弁済期が到来したというべき」であるとして、未払賃金債権元本の請求は認容し、遅延損害金の請求の起算日について審理を尽くすためにその部分のみを差し戻しとしました。

$Q4$　判決が与える影響はどうでしょうか

　企業の再建支援のために労働組合が会社と労働協約を締結して賃金カットや支払い猶予を行うことについては、協約締結後の将来に発生する部分について

は労働協約の規範的効力により、労働条件の変更を行うことができますが、個別に発生済みの賃金債権のカットや放棄については、対象となる労働者から特別の授権の得なければ行うことができないことが改めて確認された判決です。労使合意の権限の限界を示したものです。

判決要旨

「本件各未払賃金のうち、第1協約により支払が猶予されたものについては第2協約及び第3協約が締結されたことにより、第2協約により支払が猶予されたものについては第3協約が締結されたことにより、その後も弁済期が到来しなかったものであり、これらについては、第3協約の対象とされた最後の支給分（平成28年7月支給分）の月例賃金の弁済期であった同月末日の経過後、支払が猶予された賃金のその後の取扱いについて、協議をするのに通常必要な期間を超えて協議が行われなかったとき、又はその期間内に協議が開始されても合理的期間内に合意に至らなかったときには、弁済期が到来するものと解される。」

飯島企画事件

時間外手当と通常の労働時間の賃金である基本給は明確に区分され固定残業代の定めは有効

トラック運転手が、時間外労働に対する割増賃金及びこれに対する遅延金、労働基準法114条に基づく付加金及び遅延金、月例賃金の減額に同意していないとして差額分及び遅延金の支払いを求めた事件。判決は、固定残業代の有効性について、時間外手当と通常の労働時間の賃金である基本給とは明確に区分されているから、時間外手当について有効な固定残業代の定めがあったと判断しました。また、労働時間については、固定残業代を上回る割増賃金を発生させる程度に時間外労働をしたとは認められないとしました。

◇◦｡ ◇◦｡ ◇◦｡ ◇◦｡

Q1　どんな事件ですか

　一般貨物自動車運送事業を営むＹ社（被告）と、平成26年３月15日に雇用契約（以下、「本件雇用契約」といいます）を締結して、平成30年３月15日までトラック運転手として稼働していたＸ（原告）が、Ｙに対し、時間外労働等にかかる割増賃金及びこれに対する遅延損害金、労働基準法114条に基づく付加金及びこれに対する遅延損害金並びに月例賃金の減額に同意していないとして減

額分の月例賃金差額及びこれに対する遅延損害金の支払いを求めた事件です。

X、Y間の雇用契約では、当初、所定労働時間は午前7時から午後4時まで（休憩時間1時間）、所定休日は日曜日及び国民の祝日並びに年末年始休暇3日、夏季休暇3日とされており、賃金については当初月額24万円（基本給15万1,000円、時間外手当8万9,000円）と定められていました。

その後、月例賃金月額は平成26年10月から23万円に減額され（その後23万2,916円に増額）、月額賃金に含まれる「時間外手当」も8万9,000円から6万3,500円まで時期によって減額されていきました。

$Q2$ 何が争点となったのでしょうか

主な争点は、Xの労働時間（争点1）、固定残業代の有効性（争点2）及び賃金減額に対するXの同意の有無（争点3）です。

争点1について、Xは「配送後、営業所において、通常1時間から2時間程度、翌日の配送コースを組む作業に従事しており、早い日でも午後6時30分頃退勤していた」と主張しました。

争点2について、Yは「基本給と時間外手当は明確に区別されており、時間外手当が時間外労働の対価であることは労働条件通知書および就業規則と一体となる賃金規程の記載からも明らかである」と主張しました。これに対してXは「時間当たりの単価や、予定する時間外労働にかかる時間数が示されていないため、時間外手当は通常の労働時間の賃金と明確に区別されていない。また、時間外手当は、実際の時間外労働にかかる時間数とは無関係に定められているから、時間外労働に対する対価の性質を持たない」と反論しました。

争点3について、Yは「Xが、平成26年9月ころ、Yに対し、休日を毎月1日増やすよう求めた。これを受けて、C専務は、Xの上記要望を受け入れる代わりに、月例賃金を1万円減額することを提案したところ、Xは快諾した。したがって、平成26年10月分以降、Xの月例賃金が減額されたことについては、Xの同意がある」と主張しました。

$Q3$ 判決の具体的な内容はどうだったのですか

固定残業代の有効性（争点2）及び賃金減額についてのXの同意（争点3）

についてYの主張を認め、Xの請求をすべて棄却しました。

　固定残業代の有効性については、労働条件通知書に「時間外手当　約81時間分」、「上記手当を超過する場合、別途超過分を支給します」との記載があること、賃金規程には固定残業手当として「固定残業手当は、一賃金支払い期間あたり一定時間の時間外労働割増賃金相当分として支払う」と記載されていたことと賃金規程が従業員に周知されていたことを認定しました。X、Yの雇用契約期間中、Xの時間外手当が減額されて基本給が増額されていきましたが、時間外手当に相当する残業時間は81時間から51時間まで減少したことも認められました。

　上記各認定事実から、「本件雇用契約における時間外手当は、本件雇用契約締結当初から設けられたものであり、時間外労働の対価として支払われるものと考えることができるうえに、実際の時間外労働時間を踏まえて、改定されていたことを認めることができる。これらの事実によれば、時間外手当は、時間外労働に対する対価として支払われるものということができ、(中略)時間外手当と通常の労働時間の賃金である基本給とは明確に区分されているから、時間外手当について、有効な固定残業代の定めがあったということができる」と判断しました。

　労働時間については、営業所におけるXの作業についてもYの明示または黙示の指示に基づく労働と認め、それに要した時間についても労働時間としましたが、Xの労働時間が固定残業代として支払われていた時間外手当を上回る割増賃金を発生させる程度に時間外労働等をしていたと認めることはできないとしました。さらに、賃金減額に関してはYの主張のとおり、Xの同意を認めました。

$Q4$　判決が与える影響はどうでしょうか

　毎月の賃金の一部として固定金額で支払われる時間外割増手当が時間外労働の対価として認められるかについて、労働条件明示書や就業規則・賃金規程での契約内容としての明示があることを重視した判決です。時間外割増手当の単価や時間外手当に相当する時間外労働の時間数が明示されていないことについても有効性の判断に影響がないとしたことで、固定時間外割増手当が有効とさ

れる範囲を広く認めています。

判決要旨

「原告は、被告が主張する実際の時間外労働に係る時間数と、上記(1)エの時間数が著しく異なるため、時間外手当は、時間外労働の対価としての性質を有しないとも主張する。」

「被告の給与計算においてコース組みに要した時間が含まれていないこと、被告の給与計算によっても平成28年2月16日から同年3月15日の間に38時間以上、平成30年1月16日から同年2月15日の間に47時間以上時間外労働をしていたこと（書証略）を考慮すると、上記判断は左右されない。」

「コース組みと呼ばれる作業は、被告の明示又は黙示の指示を受けて行われていたと認めることができるから、これに従事していた時間も労働時間というべきである。」

学校法人大阪医科薬科大学（旧大阪医科大学）事件

—— 令2・10・13　最三小判

フルタイムのアルバイト職員に賞与が支給されていないのは不合理な労働条件の相違とは認められない

大学のフルタイムのアルバイト職員が正職員との労働条件に相違があるのは労働契約法20条（当時）に違反するとして、正職員と同様の労働条件が適用されることを前提として、同条違反は不法行為に当たるとし、差額賃金等の支払い、慰謝料等の支払いを求めた事件。1審判決は原告の請求をいずれも棄却しました。2審判決は賞与と私傷病欠勤中の賃金不支給などは不合理な相違として損害賠償を命じました。本判決は、賞与と私傷病による欠勤中の賃金について、不合理な労働条件の相違と認めず、2審判決を変更しました。夏季特別休暇については、不合理な相違と認めた2審判決が維持されました。

◇◦。◇◦。◇◦。◇◦。

Q1　どんな事件ですか

　X（原告、控訴人、被上告人）はY大学（被告、被控訴人、上告人）との間で平成25年1月29日から雇用契約期間を同年3月31日までとする有期雇用契約を締結し、以後、有期雇用職員（フルタイムのアルバイト職員）として期間1年間の雇用契約を更新しながら、平成28年3月31日まで就労していました。た

だし、Xは平成27年3月4日に適応障害と診断され、同月9日から平成28年3月31日まで出勤しませんでした。この間、Xは平成27年4月9日から同年5月15日までは有給休暇を取得し、以後は欠勤となりました。

　XはYに対し、①X、Y間の雇用契約において定められた労働条件がYにおける無期雇用職員（正職員）の労働条件を下回っており、労働契約法20条に違反するとして、主位的には無期雇用職員と同様の労働条件が適用されることを前提として、また、予備的には労働契約法20条に違反する労働条件を適用することが不法行為に当たるとして、無期雇用職員との差額賃金等合計1,038万1,660円の支払い、②YがXに対して労契法20条に違反する労働条件を適用していたことは不法行為に当たるとして慰謝料等合計136万5,347円の支払い、並びに①及び②に対する遅延損害金の支払いをそれぞれ求めました。1審判決ではXの請求がすべて棄却されましたが、2審判決においては、Yの正職員に対する賞与は支給額が基本給にのみ連動し、正職員の年齢や成績のほか、Yの業績にも連動していないのであるから、上記賞与は、正職員としてその算定期間に在籍し、就労していたことの対価としての性質を有するから、同期間に在籍し、就労していたフルタイムのアルバイト職員に対し、賞与を全く支給しないことは不合理であるとして、Xと同年に採用された正職員の支給基準の60％を下回る部分の相違は不合理であるとしました。また、Yの私傷病による欠勤中の賃金は、正職員として長期にわたり継続して就労したことに対する評価または将来にわたり継続して就労することに対する期待から、その生活保障を図る趣旨であると解されるとし、フルタイムのアルバイト職員についても、職務に対する貢献の度合いも相応に存し、生活保障の必要があることも否定し難いから、欠勤中の賃金を一切支払わないことは不合理であるとし、Xについて、欠勤中の賃金のうち給料1ヵ月分及び休職給2ヵ月分を下回る部分の相違は不合理と認められるものに当たるとしました。さらに、Xに対して夏期特別有給休暇を認めなかったことも不合理であるとしました。この第2審判決に対して、X、Yがそれぞれ敗訴部分を不服として上告受理申立てを行いました。

$Q2$　何が争点となったのでしょうか

　Yにおける正職員とアルバイト職員の労働条件の相違のうち、賞与の支給と

私傷病による欠勤中の賃金の支払いについての労働条件の相違が労働契約法20条に違反する不合理な労働条件の相違に当たるかです。なお、夏季特別休暇については最高裁判決で取り上げられず、不合理な相違と認めた2審判決が維持されました。

$Q3$　判決の具体的な内容はどうだったのですか

賞与と私傷病による欠勤中の賃金の支払いについて、不合理な労働条件の相違と認められず、Xの請求は棄却されました。

賞与について、「Yの正職員に対する賞与の性質やこれを支給する目的を踏まえて、教室事務員である正職員とアルバイト職員の職務の内容等を考慮すれば、正職員に対する賞与の支給額がおおむね通年で基本給の4.6か月分であり、そこに労務の対価の後払いや一律の功労報償の趣旨が含まれることや、正職員に準ずるものとされる契約職員に対して正職員の80％に相当する賞与が支給されていたこと、アルバイト職員であるXに対する年間の支給額が平成25年4月に新規採用された正職員の基本給及び賞与の合計額と比較して55％程度の水準にとどまることをしんしゃくしても、教室事務員である正職員とXとの間に賞与に係る労働条件の相違があることは、不合理であるとまで評価することはできない」と判断しました。

私傷病による欠勤中の賃金についても、「Xは、勤務開始後2年余りで欠勤扱いとなり、欠勤期間を含む在籍期間も3年余りにとどまり、その勤続期間が相当の長期間に及んでいたとはいい難く、Xの有期労働契約が当然に更新され契約期間が継続する状況にあったとうかがわせる事情も見当たらない。したがって、教室事務員である正職員とXとの間に私傷病による欠勤中の賃金に係る労働条件の相違があることは、不合理であると評価することはできない」と判断しました。

$Q4$　判決が与える影響はどうでしょうか

有期労働契約のアルバイト職員と正職員の労働条件の相違について、労働条件ごとに、その内容に関連する範囲で、職務の内容等の比較として、募集及び採用、人事異動の範囲、業務の責任、登用制度等、無期雇用契約職員と有期雇

用契約職員の違いを詳細に認定して、労働契約法20条について判断することが明らかになりました。職務の内容等の判断において、長期雇用を前提とした勤務をしているかどうかも重要な要素であることが確認されました。

判決要旨

　「第1審被告の正職員に対する賞与は、正職員給与規則において必要と認めたときに支給すると定められているのみであり、基本給とは別に支給される一時金として、その算定期間における財務状況等を踏まえつつ、その都度、第1審被告により支給の有無や支給基準が決定されるものである。」

　「正職員の基本給については、勤務成績を踏まえ勤務年数に応じて昇給するものとされており、勤続年数に伴う職務遂行能力の向上に応じた職能給の性格を有するものといえる上、おおむね、業務の内容の難度や責任の程度が高く、人材の育成や活用を目的とした人事異動が行われていたものである。このような正職員の賃金体系や求められる職務遂行能力及び責任の程度等に照らせば、第1審被告は、正職員としての職務を遂行し得る人材の確保やその定着を図るなどの目的から、正職員に対して賞与を支給することとしたものといえる。」

メトロコマース（最高裁）事件

令2・10・13　最三小判

有期契約が更新され定年が65歳と定められるなどしんしゃくしても退職金不支給は不合理とまではいえない

駅構内の販売業務に従事している有期契約の労働者が、同じ業務に従事している正社員との間で退職金等に相違があったことは労働契約法20条違反であるなどと主張して、不法行為に基づき、差額の損害賠償支払いを求めた事件。1審判決は退職金等の相違について一部を除き原告の請求を棄却しました。2審判決は退職金について正社員と同一基準で算定した額の4分の1相当額すら一切支給しないのは不合理であるとし、損害賠償を命じました。本判決は有期契約が原則として更新され、定年が65歳と定められるなどをしんしゃくしても退職金の有無に相違があるのは不合理とまではいえないと判断しました。

◇□。◇□。◇□。◇□。

Q1 どんな事件ですか

Y社（第1審被告）との間で有期労働契約を締結し、契約社員Bとして東京メトロ駅構内の売店における販売業務に従事していたXら（第1審原告）が、Y社と無期労働契約を締結している労働者（以下、「正社員」といいます）のうち上記業務に従事しているものとXらとの間で、退職金等に相違があったこと

は労働契約法20条に違反するものであったなどと主張して、Yに対し、不法行為等に基づき、上記相違にかかる退職金に相当する額等の損害賠償等を求めた事件の最高裁判決です。原判決は、Xらは契約期間が1年以内の有期契約労働者であり、賃金の後払いが予定されているとはいえないが、原則として契約が更新され、定年が65歳と定められており、実際にXらは定年により契約が終了するまで10年前後の長期間にわたって勤務したこと、Xらと同様に有期労働契約であった契約社員Aが平成28年4月に職種限定社員として無期契約労働者になるとともに退職金制度が設けられたことを考慮すれば、少なくとも長年の勤務に対する功労報償の性格を有する部分に係る退職金、具体的には正社員と同一の基準に基づいて算定した額の4分の1に相当する額すら一切支給しないことは労働契約法20条にいう不合理と認められるものに当たると判断しました。

$Q2$　何が争点となったのでしょうか

売店業務に従事する正社員と契約社員BであるXらについて、退職金の支給に関する労働条件の相違が不合理と評価することができるものであるか否かです。退職金の支給に関する労働条件の相違についても、労働契約法20条にいう不合理と認められる場合に当たる場合はあり得るものと考えられるが、その判断に当たっては、当該使用者における退職金の性質やこれを支給することとされた目的を踏まえて同条所定の諸事象を考慮することにより、当該労働条件の相違が不合理と評価することができるものであるか否かを検討すべきものであるとされました。

$Q3$　判決の具体的な内容はどうだったのですか

Yにおける正社員と契約社員Bとの間の退職金に関する労働条件の相違は不合理なものとは認められませんでした。

Yの正社員に対する退職金は、本給に勤続年数に応じた支給月数を乗じた金額を支給するものとされているところ、「その支給対象となる正社員は、Yの本社の各部署や事業本部が所管する事業所等に配置され、業務の必要により配置転換等を命ぜられることもあり、また、退職金の算定基礎となる本給は、年齢によって定められる部分と職務遂行能力に応じた資格及び号俸により定められ

る職能給の性質を有する部分からなるものとされていたものである」と認定しました。その支給要件や支給内容等に照らして、「上記退職金は、上記の職務遂行能力や責任の程度等を踏まえた労務の対価の後払いや継続的な勤務等に対する功労報償等の複合的な性質を有するものであり、Ｙは、正社員としての職務を遂行しうる人材の確保やその定着を図るなどの目的から、様々な部署等で継続的に就労することが期待される正社員に対し退職金を支給することとしたものといえる」としました。

　そのうえで、売店業務に従事する正社員と契約社員ＢであるＸらの「職務の内容」には一定の相違があり、職務の内容及び配置の変更の範囲にも一定の相違があったことは否定できないと認めました。また、売店業務に従事する正社員が他の多数の正社員と職務の内容及び変更の範囲を異にしていたことについては、Ｙの組織再編等に起因する事情が存在したこと及びＹは契約社員Ａ及び正社員へ段階的に職種を変更するための開かれた試験による登用制度を設け、相当数の契約社員Ｂや契約社員Ａをそれぞれ契約社員Ａや正社員に登用していたことが、Ｘらと売店業務に従事する正社員との労働条件の相違が不合理と認められるものであるか否かを判断するに当たり、労働契約法20条所定の「その他の事情」として考慮するのが相当であるとしました。

　結論として、「Ｙの正社員に対する退職金が有する複合的な性質やこれを支給する目的を踏まえて、売店業務に従事する正社員と契約社員Ｂの職務の内容等を考慮すれば、契約社員Ｂの有期労働契約が原則として更新するものとされ、定年が65歳と定められるなど、必ずしも短期雇用を前提としていたものとはいえず、Ｘらがいずれも10年前後の勤続期間を有していることをしんしゃくしても、両者の間に退職金の支給の有無に係る労働条件の相違があることは、不合理であるとまで評価することができるものとはいえない」と判断しました。

Q4 判決が与える影響はどうでしょうか

　本判決の補足意見では、「退職金制度を維持していくためには、その原資を長期間にわたって積み立てるなどして用意する必要があるから、退職金制度の在り方は、社会経済情勢や使用者の経営状況の動向等にも左右されるものといえ

る。そうすると、退職金制度の構築に関し、これら諸般の事情も踏まえて行われる使用者の裁量判断を尊重する余地は、比較的大きいものと解されよう」と述べています。一方で、本判決には原審判断を正当とする反対意見も付されており、事案によっては、不合理であるか否かの判断が分かれる可能性は否定できません。

判決要旨

　「労働契約法20条は、有期契約労働者については、無期契約労働者と比較して合理的な労働条件の決定が行われにくく、両者の労働条件の格差が問題となっていたこと等を踏まえ、有期契約労働者の公正な処遇を図るため、その労働条件につき、期間の定めがあることにより不合理なものとすることを禁止したものである（最高裁平成28年（受）第2099号、第2100号同30年6月1日判決・民集72巻2号88頁参照）。そして、退職金には、継続的な勤務等に対する功労報償の性格を有する部分が存することが一般的であることに照らせば、企業等が、労使交渉を経るなどして、有期契約労働者と無期契約労働者との間における職務の内容等の相違の程度に応じて均衡のとれた処遇を図っていくことは、同条やこれを引き継いだ短時間労働者及び有期雇用労働者の雇用管理の改善等に関する法律8条の理念に沿うものといえる。」

日本郵便（大阪）（最高裁）事件

—————————— 令2・10・15　最一小判

契約社員についても扶養親族があり継続的な勤務が見込まれるのであれば扶養手当を支給しない労働条件の相違は不合理

　　有期労働契約を締結している時給制契約社員または月給制契約社員が、正社員との間の労働条件の相違につき、年末年始勤務手当、祝日給、扶養手当、夏期休暇及び冬期休暇等の相違は、労働契約法20条違反であるとして不法行為に基づき損害賠償を求めた事件。１審判決は、年末年始勤務手当、住居手当、扶養手当にかかる相違は不合理と認め、それ以外は棄却しました。２審判決は、扶養手当の相違を不合理と認めませんでした。本判決では、扶養手当については、契約社員についても継続的な勤務が見込まれることから、正社員との相違を不合理と判断しました。

◇ □ 。◇ □ 。◇ □ 。◇ □ 。

Q1　どんな事件ですか

　国及び日本郵政公社が行っていた郵便事業を承継した郵便局株式会社及び郵便事業株式会社の合併により、平成24年10月１日に成立した株式会社で郵便局を設置して、郵便の業務、銀行窓口業務、保険窓口業務等を営んでいるＹ会社（第１審被告）との間で時給制契約社員または月給制契約社員（以下、あわせて

「本件契約社員」といいます）として勤務していたＸら（第１審原告）が、Ｙと
無期労働契約を締結している正社員との労働条件の相違が労働契約法20条に反
すると主張して損害賠償等の請求を行った事件の最高裁判決（以下、「本判決」
といいます）です。本判決では、正社員と本件契約社員の労働条件の相違のう
ち、年末年始勤務手当、祝日給、扶養手当、夏期休暇及び冬期休暇（以下、「夏
期冬期休暇」といいます）等に相違があったことは労働契約法20条（平成30年
法律71号による改正前のもの。以下同じ。）に違反するものであったとの主張に
ついて、第１審被告に対し、不法行為に基づき、上記相違にかかる損害賠償を
求めるとした請求について判断がなされました。

Q2 何が争点となったのでしょうか

　郵便業務を担当する正社員と本件契約社員との間の労働条件の相違が、それ
ぞれの労働条件の性質等に照らして、労働契約法20条にいう不合理と認められ
るものに当たるかです。

　職務の内容について、正社員である旧一般職及び地域基幹職は、郵便外務事
務、郵便内務事務等に幅広く従事すること、昇任や昇格により役割や職責が大
きく変動することが想定されており、新一般職は、郵便外務事務、郵便内務事
務等の標準的な業務に従事することが予定されており、昇任や昇格は予定され
ていません。正社員の人事評価においては、業務の実績そのものに加え、部下
の育成指導状況、組織全体に対する貢献等の項目によって業績が評価されるほ
か、自己研さん、状況把握、論理的思考、チャレンジ志向等の項目によって正
社員に求められる役割を発揮した行動が評価されます。これに対し、本件契約
社員は、郵便外務事務または郵便内務事務のうち、特定の業務のみに従事し、
上記各事務について幅広く従事することは想定されておらず、昇任や昇格は予
定されていません。また、本件契約社員の人事評価においては、それぞれの業
務内容に沿った評価項目が定められており、正社員とは異なり、組織全体に対
する貢献によって業績が評価されること等はありません。配置転換について
も、旧一般職を含む正社員には配転が予定されており、新一般職は、転居を伴
わない範囲において人事異動が命ぜられる可能性があるにとどまります。これ
に対し、本件契約社員は、職場及び職務内容を限定して採用されており、正社

員のような人事異動は行われません。本件契約社員に対しては、正社員に登用される制度が設けられており、人事評価や勤続年数等に関する応募要件を満たす応募者について、適性試験や面接等により選考されていました。

このように、正社員と本件契約社員との間では職務の内容や職務の内容と配置の変更の範囲については相違が認められていましたが、対象となった各労働条件について、これらの相違等を不合理なものと認められるかが争点となりました。

Q3 判決の具体的な内容はどうだったのですか

年末年始勤務手当、祝日給、扶養手当、夏期冬期休暇のいずれについても、正社員と本件契約社員の労働条件の相違は不合理なものと認められると判断しました。

「年末年始勤務手当」は、郵便の業務についての最繁忙期であり、多くの労働者が休日として過ごしている上記の期間において、同業務に従事したことに対し、その勤務の特殊性から基本給に加えて支給される対価としての性質を有するものであるといえるとし、「年末年始勤務手当」の性質や支給要件及び支給金額に照らせば、これを支給することとした趣旨は、本件契約社員にも妥当するものであるとして、「郵便の業務を担当する正社員と本件契約社員との間に労働契約法20条所定の職務の内容や当該職務の内容及び配置の変更の範囲その他の事情につき相応の相違があること等を考慮しても、両者の間に年末年始勤務手当に係る労働条件の相違があることは、不合理であると評価することができるものといえる」としました。年始期間の「祝日給」についても同様の判断を行いました。

「扶養手当」については、「正社員が長期にわたり継続して勤務することが期待されることから、その生活保障や福利厚生を図り、扶養親族のある者の生活設計等を容易にさせることを通じて、その継続的な雇用を確保するという目的によるものと考えられる。このように、継続的な勤務が見込まれる労働者に扶養手当を支給するものとすることは、使用者の経営判断として尊重し得るものと解される。もっとも、上記目的に照らせば、本件契約社員についても、扶養親族があり、かつ、相応に継続的な勤務が見込まれるのであれば、扶養手当を

支給することとした趣旨は妥当するというべきである」として、本件契約社員が有期労働契約を繰り返し更新して、65歳までの勤務を継続していたことなどから、扶養手当を本件契約社員には支払わないという労働条件の相違は不合理と認めました。

「夏期冬期休暇」については、これを本件契約社員に認めないことが不合理であることを前提に、その損害について、「当該所定の日数につき、本来する必要のなかった勤務をせざるを得なかったものといえるから、上記勤務をしたことによる財産的損害を受けたものということができる」と判断しました。

Q4　判決が与える影響はどうでしょうか

有期労働契約を締結している契約社員についても、正社員と同様の長期の勤続が事実上定着しているなどの事情がある場合には、「扶養手当」の支給を認めた点で、本判決が与える影響は大きいと評価されています。

判決要旨

「第1審被告において、郵便の業務を担当する正社員に対して扶養手当が支給されているのは、上記正社員が長期にわたり継続して勤務することが期待されることから、その生活保障や福利厚生を図り、扶養親族のある者の生活設計等を容易にさせることを通じて、その継続的な雇用を確保するという目的によるものと考えられる。このように、継続的な勤務が見込まれる労働者に扶養手当を支給するものとすることは、使用者の経営判断として尊重し得るものと解される。もっとも、上記目的に照らせば、本件契約社員についても、扶養親族があり、かつ、相応に継続的な勤務が見込まれるのであれば、扶養手当を支給することとした趣旨は妥当するというべきである。そして、第1審被告においては、本件契約社員は、契約期間が6か月以内又は1年以内とされており、第1審原告らのように有期労働契約の更新を繰り返して勤務する者が存するなど、相応に継続的な勤務が見込まれているといえる。」

「上記正社員と本件契約社員との間に労働契約法20条所定の職務の内

容や当該職務の内容及び配置の変更の範囲その他の事情につき相応の相違があること等を考慮しても、両者の間に扶養手当に係る労働条件の相違があることは、不合理であると評価することができるものというべきである。

　したがって、郵便の業務を担当する正社員に対して扶養手当を支給する一方で、本件契約社員に対してこれを支給しないという労働条件の相違は、労働契約法20条にいう不合理と認められるものに当たると解するのが相当である。」

第3部

懲戒・解雇・雇止め

学校法人尚美学園事件

―― 平24・1・27　東京地判

採用面接で不利益な事項告知せずとも信義則違反といえず

採用面接に際し、前の職場でセクハラ事件を起こし、厳重注意を受けたことを告知せずに採用されていた原告が、その後、報道によって知った被告から告知義務違反として解雇された事件。判決は「告知すれば採用されないことが予測される事項について（中略）告知する法的義務があるとまでみることはできない」として解雇無効としました。

◇ 。◇ 。◇ 。◇ 。

Q1　どんな事件ですか

　X（原告）は平成18年4月1日にZ大学を設置運営する学校法人Y（被告）に採用され、Z大学の教授となりました。Xの採用に当たり、Yの3名の教授による採用面接が行われましたが、採用面接の際にはXに対して前の職場でセクハラ・パワハラの問題等がなかったかなどの質問は行われませんでした。

　Xは元職場でセクハラを理由に厳重注意を受けたことがあり、前職場でもXの言動がセクハラ・パワハラに当たるとの申し出があって、内部調査が実施されたことがありましたが、これらのいずれの事実もYに対して明らかにされていませんでした。

　XがYに採用された後、Xの前職場での言動がセクハラ・パワハラに当たる

か否かの調査報告をめぐる報道がなされ、さらにこれに関連する訴訟事件が発生し、平成21年6月にその訴訟の判決が報道される中で、Xに前職場でセクハラ・パワハラに該当すると考えられる行為があったと認められたことが報道されました。

YはXに関する報道等を受けて学内に調査委員会を設置し、Xに対して事情聴取等を行いましたが、Xは委員会からの説明を受けることを拒否しました。その後、Yは理事会においてXを解職することを決定し、Xに対して自己都合による退職届を提出するように求めましたが、Xがこれを拒否したため、Yは平成21年9月15日をもってXを解雇しました(以下、「本件解雇」といいます)。そのため、XがYに対し、①労働契約上の地位確認、②賃金支払い、③不法行為による損害賠償(慰謝料)支払請求及び④名誉棄損における現状回復として謝罪文の交付等を求めて提訴しました。

Q2 何が争点となったのでしょうか

本件解雇の有効性です。解雇理由として前職場でセクハラ・パワハラを行ったとして問題とされたことがあったことを告知しなかったことが挙げられており、採用に当たり、不利益な事実を告知する義務が認められるかが争われました。さらに、解雇が不法行為となるか、名誉棄損に該当するかも争われました。

Q3 判決の具体的な内容はどうだったのですか

YがXに対して行った解雇は解雇権濫用に当たるとして無効となり、地位確認と賃金請求についてはXが勝訴しました。採用面接に当たりXが不利益な事実を告知しなかったことについて、「採用を望む応募者が、採用面接に当たり、自己に不利益な事項は、質問を受けた場合でも、積極的に虚偽の事実を答えることにならない範囲で回答し、秘匿しておけないかと考えるのもまた当然であり、採用する側は、その可能性を踏まえて慎重な審査をすべきであるといわざるを得ない」とし、「本件のように、告知すれば採用されないことなどが予測される事項について、告知を求められたり、質問されたりしなくとも、雇用契約締結過程における信義側上の義務として、自発的に告知する法的義務があるとまでみることはできない」と判断しました。また、Xにセクハラ・パワハラに

当たる言動があったという問題はYの採用前から発生していたもので、採用時にYが十分な調査等を行わず採用したことに照らすと、いずれもYの就業規則に定める解雇事由には該当しないとして解雇無効として、Xの地位確認請求と賃金支払請求を認容しました。

　一方、解雇を不法行為として慰謝料の請求を求めたことについては、解雇が無効となり賃金が支払われることによって慰謝されるのが通常であるとして、解雇による精神的苦痛に対する慰謝料の請求は認めませんでした。名誉回復措置についても、Yが行った文書の送付等によってXの名誉が侵害されたとは認められないとして請求を棄却しました。

$Q4$　判決が与える影響はどうでしょうか

　職務経験を有する応募者の採用面接に当たり、採用側が具体的にどのような注意を要するかについて、応募者が自己に不利益な質問に対してことさら虚偽の回答を行ったと認められない場合は雇用契約成立過程での信義側違反とはいえないとされたことが重要です。採用面接では応募者が回答を希望しないような事実であっても、人物評価に必要な事項は十分に質問し、回答を得ておかなければ、後に問題が生じても、面接での態度等を解雇理由とすることはできません。採用側は通常有利な立場で応募者の面接に当たることができますから、慎重な審査を行うことが必要です。

判決要旨

「採用を望む応募者が、採用面接に当たり、自己に不利益な事項は、質問を受けた場合でも、積極的に虚偽の事実を答えることにならない範囲で回答し、秘匿しておけないかと考えるのもまた当然であり、採用する側は、その可能性を踏まえて慎重な審査をすべきであるといわざるを得ない。」

「告知すれば採用されないことなどが予測される事項について、告知を求められたり、質問されたりしなくとも、雇用契約締結過程における信義則上の義務として、自発的に告知する法的義務があるとまでみることはできない。」

「セクハラ・パワハラ告発の問題を問題にするのであれば、採用前に、本人なり、紹介者である厚生労働省人事課長に聞くなり、被告の側で調べるなりすべきであったといわざるを得ない。」

「就業規則において普通解雇事由が列挙されている場合、当該解雇事由に該当する事実がないのに解雇がなされたとすれば、その解雇は、特段の事情がない限り、客観的に合理的な理由を欠き、社会通念上相当であると認められないというべきであるが、前記認定事実及び弁論の全趣旨によっても、前記特段の事情は認められない。」

日本ヒューレット・パッカード（解雇）事件

———— 平24・4・27　最二小判

被害妄想などで欠勤した労働者への懲戒処分は無効

> 被害妄想などの精神不調により、加害者集団から監視されているなどとして40日間の欠勤を継続した社員を、無断欠勤を理由として諭旨退職としたところ、処分無効と地位確認などを求めて訴えた事件。最高裁は、精神的な不調を抱える労働者に対する使用者の対応として適切でないとして訴えを認めました。

◇□。◇□。◇□。◇□。

Q1　どんな事件ですか

　X（原告・控訴人・被上告人）はY社（被告・被控訴人・上告人）の従業員でしたが、被害妄想など何らかの精神的不調から、実際には事実が存在しないにもかかわらず、約3年間にわたって加害者集団から盗撮や盗聴等を通じて日常生活を子細に監視され、これによって蓄積したXに関する情報を職場の同僚らを通じてほのめかし等の嫌がらせを受け続けているとの認識を有していました。

　そのため、Xは同僚らの嫌がらせにより自らの業務に支障が生じており自己に関する情報が外部に漏洩される危険もあると考え、Yに対して事実調査を依頼しましたが、納得いく結果が得られず、Yに対して休職を認めるように求め

ましたが、Yはこれを認めませんでした。

　Xは出勤を拒絶し、Yから出勤を促されてもこれに応じず、有給休暇を消化した後約40日間の欠勤を継続しました。YはXに対して正当な理由のない無断欠勤があったとの理由でXを諭旨退職の懲戒処分（以下、「本件処分」といいます）を行ったところ、Xが本件処分は無効であるとして、雇用契約上の地位の確認と賃金等の支払いを求めて提訴しました。第1審はXの敗訴でしたが、控訴審ではXが逆転勝訴となり、Yが上告したことに対して下されたのが本件判決です。

Q2 何が争点となったのでしょうか

　精神的不調がきっかけとみられる無断欠勤に対する懲戒処分の有効性です。

Q3 判決の具体的な内容はどうだったのですか

　精神的な不調が原因で欠勤を続けている従業員に対しては、精神的な不調が解消されない限り引き続き出勤しないと予想されることから、YとしてはXに対して精神科医による健康診断等を実施するなどして、その健康診断結果に基づき必要な場合は治療を進めたうえで休職等の処分を検討して、その後の経過をみるなどの対応をとるべきであるとして、このような対応をとることなく、Xの主張する出勤しない理由が存在しない事実に基づくものであるから直ちにその欠勤を正当な理由なく無断でなされたものとして諭旨退職の懲戒処分の措置をとることは精神的な不調を抱える労働者に対する使用者の対応として適切なものとはいい難いと判断しました。

　そのうえで、Xの上記欠勤は就業規則所定の懲戒事由である正当な理由のない無断欠勤には当たらないと解さざるを得ないとして、YがXに対して行った懲戒処分は無効であるとしました。そのため、高裁の判断が維持され、Yの上告は棄却となりました。

Q4 判決が与える影響はどうでしょうか

　精神的な疾患を抱える従業員の中には、自分の疾病を認識せず、周囲から理由のない攻撃や嫌がらせを受けていると被害の申し出を行う者も少なくありま

せん。

　そのような従業員の行動が職場秩序維持に困難をきたす場合、懲戒処分の対象とすることができるかという問題を考える際に、本件判決は、本件のように欠勤を継続する場合は、傷病による休職制度の適用ができる可能性を探るべきであることを述べています。

　傷病であることを認めない従業員が自分から傷病による欠勤が必要であると申し出ることはないと考えられますが、使用者としては精神科医による健康診断等の手続きを尽くして休業措置を認めるべきといえます。休職中に従業員が適切な治療を行わないなどの理由で休職期間が満了するに至った場合は、休職期間満了による退職が可能です。

　なお、本件判決の射程は無断欠勤による懲戒処分に限定されるべきと考えます。精神疾患の自覚のない従業員が職場への出勤を継続して職場内で異常行動を繰り返す場合には、その行動が就業規則の懲戒事由に該当することから懲戒処分も可能としないと、職場の他の従業員の安全を守ることができないためです。

判決要旨

　「このような精神的な不調のために欠勤を続けていると認められる労働者に対しては、精神的な不調が解消されない限り引き続き出勤しないことが予想されるところであるから、使用者である上告人としては、その欠勤の原因や経緯が上記のとおりである以上、精神科医による健康診断を実施するなどした上で（記録によれば、上告人の就業規則には、必要と認めるときに従業員に対し臨時に健康診断を行うことができる旨の定めがあることがうかがわれる。）、その診断結果等に応じて、必要な場合は治療を勧めた上で休職等の処分を検討し、その後の経過を見るなどの対応を採るべきであり、このような対応を採ることなく、被上告人の出勤しない理由が存在しない事実に基づくものであることから直ちにその欠勤を正当な理由なく無断でされたものとして諭旨退職の懲戒処分の措置を執ることは、精神的な不調を抱える労働者に対する使用者の対応としては適切なものとはいい難い。」

リーディング証券事件

有期労働契約の試用期間中も労働契約法17条1項は適用されるが解雇は有効

1年間の期間を定めて証券アナリストとして採用された者を試用期間の途中で解雇したことについて、労働者側が有期契約の途中での解雇を制限した労働契約法17条1項に違反しているとして、その無効と賃金及び慰謝料を請求した事件です。判決は、有期契約の試用期間中でも17条1項は適用されるが解雇は有効と判断しました。

◇□。◇□。◇□。◇□。

Q1 どんな事件ですか

原告Xは証券業を営む被告Yに平成23年1月11日から同年12月31日までの1年間の雇用期間を定めて、証券アナリストとして課長職の肩書で採用されて、Y本社のリサーチセンター室に配属されました。X、Y間の雇用契約では当初6ヵ月間を試用期間（以下、「本件試用期間」といいます）として、試用期間の途中において、あるいは終了に際して、Xの人柄・技能・勤務態度等について、業務社員として不適格と認められた場合には本契約を解除すると定められていました。Yは平成23年3月29日に、本件試用期間中のXに対し、留保解約権の行使として合理的な理由があるとしてXを解雇する旨の意思表示（以下、「本件

解雇」といいます）を行いました。ＸはＹに対し、本件解雇が労働契約法17条１項に違反して無効であると主張して、雇用期間中の賃金と慰謝料の支払いを求めて提訴しました。

Q2　何が争点となったのでしょうか

　留保解約権の行使としての本件解雇の有効性で、特に期間の定めのある雇用契約の契約期間中はやむを得ない理由がない解雇は無効として、解雇を制限する労働契約法17条１項の規定と留保解約権行使の関係が問題となりました。

Q3　判決の具体的な内容はどうだったのですか

　有期労働契約における試用期間について、有期労働契約が更新されて継続することが多いことから、期間の定めのない労働契約と同様に、入社採用後の調査・観察によって当該労働者に従業員としての適格性が欠如していることが判明した場合に、期間満了を待たずに当該労働契約を解約し、これを終了させる必要性があることは否定し難いとして、有期労働契約においても、試用期間を設けることには一定の合理性があると認めました。一方で、労働契約期間は、労働者にとって雇用保障的な意義が認められることから、「有期労働契約における試用期間の定めは、契約期間の強行法規的雇用保障性に抵触しない範囲で許容されるものというべきであり、当該労働者の従業員としての適格性を判断するのに必要かつ合理的な期間を定める限度で有効と解するのが相当である」としました。

　本件試用期間については、ＹはＸが日本語に堪能な韓国人証券アナリストとして即戦力になり得ることを期待して採用したものであり、Ｘが即戦力足り得るかどうかを判断するには一定の期間を限定して個別銘柄等につきアナリストレポートを作成、提出させてみれば容易に判明する事柄であるとして、試用期間は３ヵ月の限度で有効としました。有期労働契約に設けられた試用期間中に行われた留保解約権の行使としての本件解雇については、「使用者が、採用決定後の調査により、または試用中の勤務状態等により、当初知ることができず、また知ることが期待できないような事実を知るに至った場合において、そのような事情に照らし、〈１〉その者を引き続き当該企業に雇用しておくことが適当

でないと判断することが、解約権留保の趣旨、目的に徴して、客観的に相当であること（労契法16条、以下「要件〈1〉」という。）に加え、〈2〉雇用期間の満了を待つことなく直ちに雇用を終了させざるを得ないような特別の重大な事由が存在するものと認められる場合（労契法17条1項、以下「要件〈2〉」という。）に限り適法（有効）となるものと解するのが相当である」としました。

このように試用期間中の解約権留保についても有期労働契約であることによる制限を行いましたが、入社時にXが提出した韓国企業に関する日本語のアナリストレポートが日本人の夫の手を借りて作成されたものでXはそれをYに対して隠していたこと、入社後Xが作成したアナリストレポートの原案等のレベルがあまりにも出来が悪く、採用に当たって期待していた日本語でアナリストレポートを作成する能力に欠けることを理由とする留保解約権の行使は有効と認めました。

Q4　判決が与える影響はどうでしょうか_____

有期労働契約の試用期間中の留保解約権行使として行われる解雇についても、労働契約法17条1項の適用があり、契約期間満了を待たず直ちに労働契約を終了させることが必要と認められる特別に重大な事由が存在する場合に限られると限定したことにより、試用期間中の解雇も制限されることになります。本件のように採用時の事情等を十分に考慮して試用期間を運用することが必要となります。

判決要旨

　「有期労働契約は、企業における様々な労働力の臨時的需要に対応した雇用形態として機能しているが、実際上、使用者は、かかる労働需要が続く限り有期労働契約を更新し継続することが多い。したがって、かかる有期労働契約においても、期間の定めのない労働契約と同様に、入社採用後の調査・観察によって当該労働者に従業員としての適格性が欠如していることが判明した場合に、期間満了を待たずに当該労働契約を解約し、これを終了させる必要性があることは否定し難く、その意味で、本件雇用契約のような有期労働契約においても試用期間の定め（＝解約権の留保特約）をおくことに一定の合理性が認められる。しかし、その一方で、上記のとおり労働契約期間は、労働者にとって雇用保障的な意義が認められ、かつ、今日ではその強行法規性が確立していること（以下これを「強行法規的雇用保障性」ともいう。）にかんがみると、上記のような有期労働契約における試用期間の定めは、契約期間の強行法規的雇用保障性に抵触しない範囲で許容されるものというべきであり、当該労働者の従業員としての適格性を判断するのに必要かつ合理的な期間を定める限度で有効と解するのが相当である。」

　「有期労働契約における留保解約権の行使は、使用者が、採用決定後の調査により、または試用中の勤務状態等により、当初知ることができず、また知ることが期待できないような事実を知るに至った場合において、そのような事実に照らし、〈１〉その者を引き続き当該企業に雇用しておくことが適当でないと判断することが、解約権留保の趣旨、目的に徴して、客観的に相当であること（労契法16条。以下「要件〈１〉」という。）に加え、〈２〉雇用期間の満了を待つことなく直ちに雇用を終了させざるを得ないような特別の重大な事由が存在するものと認められる場合（労契法17条１項。以下「要件〈２〉」という。）に限り適法（有効）となるものと解するのが相当である。」

X建設事件

平25・9・27　東京地判

労災隠しに加担した工事事務所長の諭旨退職処分は前例より重くても妥当

労災事故の発生に対して、子会社の労災隠しに加担して労基署への誤った回答を行っていたことや容認していたことを理由としての諭旨退職処分が、前例の同種事件に比して重すぎるとして、処分と退職の意思表示の無効、賃金の支払い、減額された退職金の差額を求めた事件。判決は会社の処分は有効と判断しました。

◇□。◇□。◇□。◇□。

Q1 どんな事件ですか

　X建設会社（被告）において工事事務所長の職位にあった原告は、平成19年6月に発生した作業員3名が被災する労災事故に関して、作業員を雇用する甲社が虚偽の労働者死傷病報告を行い、かつその後における労働基準監督署等からの被告への問い合わせに対して誤った回答をしていたことについて、甲社等による労災隠しを終始容認するとともに、労災事故発生の事実を隠蔽し続けていたものと認められることを理由として、平成23年1月11日、諭旨退職とするとともに（以下、「本件諭旨退職処分」といいます）退職金20％を不支給とする旨の処分（以下、「本件退職金一部不支給処分」といいます）を受けました。原

告は被告に対し、平成23年1月31日付をもって被告からの退職を願い出る旨の同月13日付退職願を提出しました（以下、「本件退職の意思表示」といいます）。被告は原告を本件退職の意思表示により退職とし、20％減額した退職金を支給しました。

　しかし、その後、原告は被告に対し、平成24年8月31日付をもって被告を退職したとの通知を行い、平成23年2月分から同24年8月分までの給与、賞与及び減額されない退職金と支給済み退職金の差額合計約2,420万円と遅延損害金の支払いを求めて訴訟を提起しました。

Q2　何が争点となったのでしょうか

　本件論旨退職処分について、客観的に合理的な理由を欠き、または社会通念上相当であると認められない事由があるかどうかです。

Q3　判決の具体的な内容はどうだったのですか

　判決では、労災事故の状況、甲社の責任者による労災事故への対応、それに対する原告の関与、労災被害者の行動及び労災被害者と被告との訴訟における和解などを詳細に事実認定しました。そのうえで、工事事務所長として所管工事全般の責任を負うとともに、所管現場事務所所属員の業務執行を指揮監督する権限を有し、職責を負う原告が、本件事故が発生した当日にその事実を知りながら、本件事故が発生した平成19年6月30日から安全環境部長に本件事故が本件工事の現場で発生したことを告げた平成22年11月17日までの約3年5ヵ月間にわたり、「災害・事故速報」を被告の東京建設支店安全環境部に提出しなかったこと、または本件事務所の従業員に提出させなかったこと、労災被害者の直接雇用主である甲社らをして労災請求手続きに応じさせなかったこと、本件事故の存在そのものを被告東京建設支店に知らせることもしなかったことを挙げて、このような原告の行為は、本件就業規則58条1号及び2号に該当するというべきであり、本件論旨退職処分には、客観的に合理的な理由があると認められるとしました。

　本件事故に関与した他の従業員に対する懲戒処分（降格、1ヵ月の出勤停止及び譴責）との均衡については、原告の役職及び職責、原告が労災隠しを積極

的に行っていた甲社の責任者と単独で接触していた期間が相当程度あり、その意味で同人の行為を是正するのに最適の立場であったと評価し得ることなどに照らせば、副所長らに対する懲戒処分と比較して重い処分である本件諭旨退職処分が、それのみをもって均衡を失しているとはいえないと判断しました。

　また、本件事故の前に発生していた2件の労災隠しに対する懲戒処分との比較についても、その行為態様の違いを認定したうえで、「前記2件がいずれも検察官送致された後、被告会社内において法令遵守及び労災隠しの根絶ならびに労災隠し行為については企業行動規範に反する非行行為として厳正に処分する旨が繰り返し周知されている中で前記行為が行われたというものであって、被告に対する企業秩序の侵害の程度は前記2件と比較しても大というべきである」と判断しました。

　さらに、他の諭旨退職処分事案との均衡についても、「本件は、行為そのものの企業秩序侵害の程度は大きく、被告において経済的損害及び対外的信用の損失も相応に生じている」と認め、原告に対する関係では諭旨退職よりも軽い処分でなければ他の諭旨退職案件と比較して均衡を失するとまではいい難いと判断しました。

$Q4$　判決が与える影響はどうでしょうか

　懲戒処分が客観的に合理的な理由を欠き、または社会通念上相当であると認められない事由の有無を判断するには、懲戒処分の対象となった行為に対する処分の妥当性を判断するのは当然ですが、関係した他の従業員に対する懲戒処分との均衡、過去の同種事案に対する懲戒処分との均衡、及び過去の同程度の懲戒処分事案との均衡にまで比較して考察することが重要です。なお、過去に同種事案が発生した後、企業として再発防止のために、事後は厳重に処罰の対象とすることを明示して周知していたことは、懲戒処分が過去よりも加重されることの理由となります。

判決要旨

　「原告の（中略）行為の被告の企業秩序侵害の大きさ、現に発生した被告における実害の大きさ等を考慮すると、（中略）原告に有利に斟酌されるべき事情につき相応の考慮をした上でもなお、本件諭旨退職処分が重きに失するとはいえない。

　よって、本件諭旨退職処分には、社会通念上相当と認められない事由はないというべきであり、この争点に関する原告の主張は理由がない。」

　「本件事故に係る原告の行為の企業秩序侵害の程度、被告において生じた実害の程度その他処分の量定において斟酌されるべき事実の評価は、（中略）説示したとおりであって、原告の（中略）行為の背信性は、それまでの勤続の功を減殺する程度に達していると認められる。

　そして、原告の退職時を基準時として算定される退職金の額から2割を減じる旨の本件退職金一部不支給処分は、（中略）原告の行為の背信性の程度に照らせば、有効というべきである。」

日本ヒューレット・パッカード（休職）事件

—————— 平27・5・28　東京地判

精神的不調抱える従業員には本人の申し出なくとも休職命令は可能で期間満了による退職も有効

　職場で嫌がらせを受けたとして欠勤を続け、諭旨退職とされたものの最高裁で無効とされた労働者について、会社が休職命令を発したことと、期間満了による退職とされたことから、休職命令の無効確認と労働契約上の地位確認、賃金の支払いなどを求めた事件。判決は精神的な不調が認められるとして休職命令は有効と判断、休職期間満了で労働契約は終了したと認めました。

◇◦。◇◦。◇◦。◇◦。

Q1　どんな事件ですか

　Ｘ（原告）はＹ会社（被告）の従業員でしたが、職場で上司などから嫌がらせを受けたと主張して欠勤を続けたため、Ｙから諭旨退職の懲戒処分（以下、「本件諭旨退職処分」といいます）を受けました。平成24年4月27日の最高裁判決により本件諭旨退職処分の無効が確定しました。無効とされた理由は、「精神的な不調のために欠勤を続けている労働者に対しては、休職等の処分を検討し、その後の経過を見るなどの対応を採るべきであり、このような対応を採ることなく行われた本件諭旨退職処分は、精神的な不調を抱える労働者に対する

使用者の対応としては適切なものとは言いがたい」というものでした。

　最高裁判決後、XはYに対し復職を求めました。しかし、YはXの心身の不調を理由にその申し出を拒絶し、Xに対し、平成25年1月11日付で休職を命じ（以下、「本件休職命令」といいます）、さらに平成26年11月14日に同月30日付でXの退職手続きをとると通知しました。そこで、XはYに対し、本件休職命令の無効確認、労働契約上の地位の確認、就労を拒否している間の賃金及び賞与の支給、退職とされた日以降の賃金と賞与の支給及び不当な就労申し出の拒絶及び違法な本件休職命令にかかる不法行為に基づく慰謝料等の支払いを求めて訴えを提起しました。

Q2 何が争点となったのでしょうか

　YによるXの就労拒絶の正当性、本件休職命令の有効性、及び本件休職命令による休職期間満了時のXの復職可能性です。

　XはYが最高裁判決後直ちにXを復職させるべきであったと主張し、また、本件休職命令時にXは債務の本旨に従った就労が可能な状態であったにもかかわらず違法な本件休職命令によって合理的な理由もなくXの就労を拒否し続けたと主張しました。また、平成24年7月にはXが就労可能であることを示す診断書をYに提出したと主張しました。

　Yは、団体交渉時等におけるXの言動や、Y産業医との面談及びこれに基づく産業医の意見書、さらにXが精神科専門医を受診した際の病院回答の経緯等を総合的に検討のうえ、Yの就業規則の定め（「会社は、就業に影響がある傷病の疑いがある社員に対し、指定する医師による診断を受けることを命ずることができる」、「会社は（就業規則所定の）健康診断の結果、又は客観的な状況から社員の業務外の傷病等の理由により休職が必要であると認められ、会社が休職を命じたときは、休職とする」）に基づいて本件休職命令を発したもので、本件休職命令は就業規則上の要件を満たした適切なものであると主張しました。

Q3 判決の具体的な内容はどうだったのですか

　判決ではXが本件論旨退職処分を受けるに至ったころからのXの言動や最高裁判決の内容について述べたうえで、Xが最高裁判決以降も、なお嫌がらせが

実在することを繰り返し主張していること、団体交渉においてはX自身の復職だけでなく、Xに対して嫌がらせを行っている「加害者」と自らが主張するY従業員に対する処分や、当時調査に当たった人事担当者をクビにすべきであると述べていること、Y産業医がXとの面談のほかXの言動を踏まえて、Xには過去から現在に至るまで一貫して同一の「妄想性障害」が発現していると判断して、その旨の意見書を提出していたことなどから、本件休職命令が出された時点で、Xには妄想性障害の疑いがあり、休職して治療することを必要とするような精神的な不調が認められる状況にあったことが推認できると判断しました。

　Xが提出した医師の診断書については、判断の前提となる事実が限られていたうえで、その判断内容も限られた事実を前提とする限りでは診察時点で異常を発見することができなかったとしているものにすぎないため、産業医の所見を覆すに足りるものではないと判断しました。

　Y社内にこのような精神的不調を抱えるXにおいてもなお労務の提供をすることができる現実的可能性があるような職場が存在していたかどうかを検討し、Y産業医が、Xが過去に他の社員から受けた嫌がらせが未解決であるとの意見を有していることを踏まえるとYにおける標準的な作業環境でXが就労することには障害があると考えられる旨の意見を述べていること、在宅勤務などとしても社内外との調整や他の社員との協同作業が必要なことには変わりがなく、Xと業務上接触し、Xから加害者として認識される可能性がある社員の精神的健康にも配慮する必要があることなどから、Xについては、「その精神的な不調の存在ゆえに、本件休職命令の時点において、本件労働契約上、その職種等に限定がないことを考慮しても、Y社内における配置転換により労働契約上の債務の本旨に従った履行の提供をすることができるような職場を見出すことは困難な状況にあったというべきである」とし、本件休職命令は就業規則所定の要件を満たす有効なものであると判断しました。

　さらに、Xが本件休職命令後、休職期間が満了するまでの間、精神科医による適切な治療を受けていたことを認めるに足りる証拠がなく、本件休職命令の原因となったXの妄想性障害がなくなったことが確認され、Xが復職可能な状態になったことを認めるに足りないとして、本件休職命令の休職期間満了によ

りXが自然退職し、本件労働契約が終了したことになるとしました。

Q4 判決が与える影響はどうでしょうか

　精神疾患が疑われるのにこれを認めず、正常な労務提供ができると主張する従業員に対する対応として、会社から休職を命じることが正当になることを示した事例です。特に、Ｙ社の就業規則の定めが、従業員の申し出ではなく会社の判断で休職を可能としていることが参考になります。

判決要旨

> 「被告が原告に対し、本件休職命令により原告に対し療養に専念することを命じたことは、原告の債務の履行の受領拒絶には該当しないし、原告が、その精神的不調の存在により、労働契約の債務の本旨に従った履行をすることができない状況にあると認められる以上、被告の責に帰すべき事由により原告の債務の履行が不能になったものと認めることもできない。」

M社事件

平27・8・7　東京地判

パワーハラスメントによる降格処分はセクハラ規定を根拠としても有効

　長年にわたり部下に対してパワーハラスメントを繰り返してきた管理職に対して、就業規則のセクシュアルハラスメント禁止規定を適用して降格処分を行ったことについて、管理職が無効確認を求めた事件です。判決は、セクハラの規定については「性的な」を除けばハラスメントとしての共通性を有するとして処分を有効と判断しました。

◇□。◇□。◇□。◇□。

Q1　どんな事件ですか

　不動産の所有・管理等を行うM社（被告）に勤務するX（原告）は、過去のパワーハラスメントを理由にMから降格処分を受けましたが、同処分が違法・無効であるとして、同処分の無効確認を求めた事件です。Xは平成3年12月1日にMに入社し、平成25年3月13日付け降格処分（以下、「本件処分」といいます）を受けました。本件処分の直前にXは「理事（8等級）、担当役員補佐兼丸の内流通営業部長」という地位にありましたが、本件処分により、「副理事（7等級）、担当部長（一般仲介事業グループ担当役員特命事項担当）」の地位に降格になりました。本件処分の懲戒該当事由は「多くの従業員に対し、パワーハラスメント（以下、「パワハラ」といいます）に該当する行為を行ったこと」で

した。

Q2　何が争点となったのでしょうか

　本件の争点は、①確認の利益、②パワハラの存否、③懲戒事由該当性、④本件処分の相当性、⑤本件処分の適法性です。このうち、①については本件処分の無効確認が、MとXとの間の雇用関係上の紛争の直接かつ抜本的な解決のため最も適切かつ必要と認められました。②から⑤は、本件処分が違法・無効となるかに関する実質的な争点です。

Q3　判決の具体的な内容はどうだったのですか

　Xの主張は認められず、本件処分は有効と判断されました。

　②について、Xが多数の社員に対して行っていた退職強要や不当な要求等の言動を認定し、それがMの「コンプライアンスの手引き」及び「コンプライアンス・マニュアル」で定められたパワハラの定義に該当することを認めました。

　③については、Xは、MがXの行為についてセクシュアルハラスメント（以下、「セクハラ」といいます）を前提とした規定である「相手の望まない性的な言動により、他人に不快な思いをさせたり、職場環境を悪化させたとき」（就業規則49条14号）に該当するとしたことが、適用条項を誤っていると主張しましたが、判決では、正確には就業規則49条17号「前各号に準ずる行為」と同条14号の適用として理解すべきものであり、Mがセクハラで懲戒処分を受けたものとは認められないとしました。

　就業規則49条17号の「前各号に準ずる行為」には、14号の文言のうちの「性的な」を除いた「相手の望まない言動により、他人に不快な思いをさせたり、職場環境を悪化させたとき」が該当すると通常考えられ、「セクハラ」と「パワハラ」は「ハラスメント」としての共通性を有するので、前記の就業規則の条項を懲戒処分の根拠とすることに特段の問題はないとしました。

　また、「パワハラ」が懲戒処分の対象となることについては、「コンプライアンスの手引き」及び「コンプライアンス・マニュアル」で周知するとともに、パワハラがない職場つくりのためにパワハラを禁止する旨宣言していたのであり、就業規則変更の手続きをとることなくパワハラを懲戒処分の対象とする

ことができるとしました。

　④については、Xの一連の言動はその地位に基づいて、部下である数多くの管理職、従業員に対して、長期間にわたり継続的に行ったパワハラであり、極めて悪質と評価しました。

　Xの言動によってXの部下らは多大なる精神的被害・苦痛を被ったと認め、Mはパワハラについての指導啓発を継続して行い、ハラスメントのない職場つくりがMの経営上の指針であることも明確にしていたところ、Xは幹部としての地位、職責を忘れ、かえって、相反する言動をとり続けたものであるから、降格処分を受けることはいわば当然のことであり、本件処分は相当であると認めました。

　⑤については、懲戒該当事由が不明確であるとのXの主張について、Mは文書で懲戒の対象となるXの言動を一覧表にして示しており、懲戒該当事由の内容が不明確とはいえないとしました。さらに、実質的な反論・弁明の機会が与えられなかった等の懲戒手続きに関する主張についても、手続き上の違法があるとは認められないとしました。

$Q4$　判決が与える影響はどうでしょうか＿＿＿＿＿＿＿＿

　いかなる行為がパワハラに該当するのか、パワハラを明確に定義するものはありません。本件が、パワハラを「職場における他の従業員が望まない言動によって、他人に不快な思いをさせたり、職場環境を悪化させたとき」というセクハラの懲戒該当事由との共通点を指摘し、これに準ずる行為として懲戒処分を有効としたことは、パワハラの懲戒処分の在り方として参考にすべきです。

　また、パワハラは長期にわたり、多数回の言動が繰り返されることがありますが、その場合でも、具体的に事実を積み上げて降格という厳重な処分を有効と判断されたことは、パワハラの問題が軽視されるべきでないことを示しています。

「原告の一連の言動は、一般仲介事業グループ担当役員補佐の地位に基づいて、部下である数多くの管理職、従業員に対して、長期間にわたり継続的に行ったパワハラである。原告は、成果の挙がらない従業員らに対して、適切な教育的指導を施すのではなく、単にその結果をもって従業員らの能力等を否定し、それどころか、退職を強要しこれを執拗に迫ったものであって、極めて悪質である。」

「被告は、パワハラについての指導啓発を継続して行い、ハラスメントのない職場作りが被告の経営上の指針であることも明確にしていたところ、原告は幹部としての地位、職責を忘れ、かえって、相反する言動を取り続けたものであるから、降格処分を受けることはいわば当然のことであり、本件処分は相当である。」

日本郵便（休職）事件

平29・9・11　東京地判

正社員や無期転換者には休職制度があったとしても期間雇用社員には適用されず雇止めしたことは違法ではない

変形性膝関節症で承認欠勤を繰り返してきた期間雇用社員が、その後雇止めされたことから、この雇止めが正社員や無期転換者には休職制度が適用されることから労働契約法20条に違反するとして、雇用契約上の地位の確認、賃金の支払いなどを求めた事件です。判決は、疾病の状況や出勤状況からみて原告が職務を全うできないと判断したことは社会通念上相当でないと認められない、として原告の請求を棄却しました。

◇。◇。◇。◇。

Q1 どんな事件ですか

　X（原告）は平成18年12月ころに日々雇用社員としてY社（被告）に入社し、その後平成19年10月1日から同27年9月30日まで6ヵ月ごとに期間雇用契約の更新手続きをして、時給制契約社員である期間雇用社員としてYに雇用されていました。Xは平成25年12月ころ、右変形性膝関節症（以下、「本件疾病」といいます）を発症し、同月9日から平成26年3月31日までYの承認を得て欠勤しました。その後、平成26年4月1日から期間雇用契約を更新しましたが、本件

疾病を理由として承認欠勤を繰り返し、平成27年4月1日から同年9月30日までの期間雇用契約の間は本件疾病のため承認欠勤を続け、1日も勤務をしませんでした。そのため、Yは平成27年9月30日の期間雇用契約満了をもってXを雇止めとしました（以下、「本件雇止め」といいます）。Xは本件雇止めが違法無効であるとして、Yに対し、雇用契約上の地位の確認、平成17年10月から本判決確定の日までの賃金として1ヵ月26万2,565円及びこれに対する遅延損害金、平成28年から本判決確定の日までの臨時手当として毎年6月30日及び12月30日限り各9万0,909円及びこれに対する遅延損害金の支払いを求めた事件です。

$Q2$　何が争点となったのでしょうか

　Xには、正社員ないし無期転換社員の休職制度の適用または準用が認められるか（争点1）と、本件雇止めには客観的に合理的な理由及び社会通念上の相当性が認められるか（争点2）です。争点1について、正社員が疾病により勤務ができない場合は病気休暇と3年以内の休職制度（以下、「正社員休職制度」といいます）が定められており、平成29年4月1日以降、無期転換社員についても病気休暇と1年以内の休職制度（以下、「無期転換社員休職制度」といいます）が定められているのに対し、期間雇用社員には休職制度の適用がないのは「労働契約法20条所定の『同一労働同一賃金同一待遇の原則』に則り、Xについても正社員休職制度、少なくとも無期転換社員休職制度を適用または準用すべきである」と主張しました。争点2については、Xが8年8ヵ月という長期間にわたりYにおいて勤務し、期間の定めのある雇用契約が自動的に反復更新されて、実質的に期間の定めのない雇用契約と異ならない状態で存在しており、本件雇用契約には労働契約法19条が適用されるとし、本件雇止めは、客観的に合理的な理由を欠き、社会通念上相当であるとは認められず、権利濫用に当たると主張しました。

$Q3$　判決の具体的な内容はどうだったのですか

　Xの請求はいずれも棄却されました。
　争点1について、有期雇用契約者であるXには休職制度の適用がないことに

ついては、「郵便の職場において期間雇用社員が多数雇用されており、業務において重要な役割を果たし、不可欠な存在になっているとしても、その職務内容は役割の違いや責任の軽重等からして、管理職はもとより、それ以外の正社員とも自ずと異なるものであり、業務内容の一部に重なる部分があるとしても、全体としてみれば同一労働を行っていると解することはできず、職務内容の変更や人事異動の有無等においても大きく異なるものと解される。また、正社員や無期転換社員については、長期的な雇用の確保という観点からいわゆる休職制度を設ける要請が大きいのに対し、期間雇用社員については、反復継続して雇用契約が更新されることにより、契約更新に合理的な期待が認められるような場合であっても、使用者において、休職制度をもって、長期的な雇用の確保を図るべき要請は必ずしも高くないものと解される」と述べて、「Yにおいて、正社員及び無期転換社員について休職制度を設け、他方、期間雇用社員については短期間の病気休暇を認めるのみで、長期の休職制度を設けていないとしても、労働者の職務の内容、その他の事情を考慮すると、その相違が不合理であるということはできない」と判断しました。

　争点2については、XとYとの期間雇用契約の更新においては、自動的に契約更新がなされてきたとはいえないとしました。本件雇止めが権利濫用に当たるか否かについては、Xが平成27年4月1日から1日も出勤していないこと、本件雇用契約期間中における職場復帰の見通しが立っていなかったこと、過去の勤務状況があまりよくなかったことから「本件雇止めは、Xの症状や勤務状況等に照らし、Xが本件雇用契約における職務を全うできないとの判断に基づいて行われたものであり、期間雇用社員について、10日間の病気休暇や5日間の介護休暇の取得が認められるものだとしても、Xはその承認を得ておらず、(中略)判断が客観的に合理的な理由を欠き、社会通念上相当でないとは認めがたい」と認定しました。

Q4　判決が与える影響はどうでしょうか

　賃金以外の労働条件であっても、労働契約法20条に基づいて有期労働契約と無期労働契約との労働条件の相違が不合理なものであるか否かが争われることになります。本件では、休職制度は長期雇用の下で、使用者も労働者の勤続を

期待することから設けられる制度であることを明らかにしました。今後も様々な労働条件の相違が紛争の対象となると考えられます。労使間で各労働条件の意義について説明し認識を共通にしておくことが紛争予防に重要となります。

判決要旨

「本件雇用契約における業務内容は、Ｄ局における郵便物及びゆうパックの取扱いに関する作業、その他これに付随、関連する業務に限定され、その勤務形態も深夜帯勤務に限定されていること、原告は、右変形性膝関節症により、平成27年３月31日までも度々欠勤をし、同年４月１日以降は全日欠勤していること、Ｌ総括課長やＯ総括課長からの問い合わせに対しても、痛みが続き、職場復帰の見通しが立たず、手術の可能性まで示唆されていたことからすれば、Ｄ局に原告が担当していた厚物担当（比較的大きく重い郵便物や重い把捉郵便物を扱う担当）以外に棚物担当（薄い封書のみを扱う担当）があるとしても、軽易な業務とまではいえず（証人Ｐ（12、13頁）参照）、原告が本件雇用契約の業務の範囲内において配置転換されることにより、労務の提供が可能であったと認めることはできず、被告が原告について雇止め回避努力義務を怠ったと認めることもできない。」

甲社事件

平30・3・28　東京地立川支判

就業時間中の録音禁止の指示は必要性ある正当なもの、就業規則に明文があるか否かによって左右されない

普通解雇された労働者が解雇の無効を主張して地位確認と賃金の支払い、遅延損害金の支払いを求めた事件。原告である労働者は、「休職届」を一方的に送り付けて私傷病休職し、「復職届」を送り付けて出社を続けたもの。就業規則に定めた復職手続きも無視し、職場内でも録音禁止の指示に従いませんでした。判決は録音禁止措置は「十分に必要性が認められる正当なもの」でそれを受け入れない姿勢などから解雇は正当と判示しました。

◇□。◇□。◇□。◇□。

Q1 どんな事件ですか

X（原告）は、X線解析装置等の理化学機器の製造販売等を行うY社（被告）に平成26年3月（当時31歳）に正社員として入社しましたが、同28年6月27日付で普通解雇（以下、「本件普通解雇」といいます）されました。XはYに対し、本件普通解雇は無効であると主張して、Xが労働契約上の権利を有する地位にあることの確認を求めるとともに、平成28年7月分以降の賃金月額27万7,650円と遅延損害金の支払いを求めた本訴請求を行い、YはXに対して、Xが

本件普通解雇によってＹの従業員たる地位を失ったことを前提に、社宅使用契約の終了に基づき社宅の明け渡しと賃料相当損害金の支払いを求めた反訴請求を行いました。

Q2 何が争点となったのでしょうか

　本件普通解雇の有効性です。ＹはＸに対し、就業規則79条４号（著しく仕事の能率が劣り、勤務成績不良のとき）、９号（その他前各号に準ずる程度のやむを得ない事由があるとき）に該当するとして本件普通解雇の意思表示を行いました。Ｙは本件普通解雇の中核的事由として、①Ｘに社会組織人としての適格性がなく、今後の改善可能性も皆無である点、②ＸとＹ及び他の従業員との信頼関係が完全に崩壊している点の２点を主張しました。具体的には、次の各点についてＸの問題点を主張立証しました。

ア：Ｘの私傷病休職からの復職過程における異常行動
イ：ＸがＹの基幹製品の組立・検査業務を「雑用」と評していること
ウ：Ｘの目標管理シートの作成に関する異常行動
エ：Ｘの報告・連絡・相談の欠如及び改善可能性がないこと
オ：Ｘが録音禁止命令へ違反し改善可能性がないこと

　これに対してＸはＹの主張する具体的事実は解雇理由には到底足りず、人証調べを経ても解雇に値するような事実は何ら立証されていないから、本件普通解雇は、解雇権濫用に該当し、無効というべきであると主張しました。

Q3 判決の具体的な内容はどうだったのですか

　ＸがＹに入社した当時から本件普通解雇に至るまでの経緯を詳細に事実認定したうえで、本件普通解雇は解雇権を濫用したものとはいえないから、有効というべきであると判断し、Ｘの本訴請求を全部棄却し、Ｙの反訴請求を認容しました。

　前記アについて、Ｘが「休職届」と題する内容証明郵便をＹに一方的に送り付けて私傷病休職を開始し、その後に「復職届」と題する内容証明郵便をＹに送り付けて復職を主張し、Ｙから就業規則に基づく手続きを履践してから復職になると複数回説明を受けたにもかかわらず、Ｙの許可を受けることなく出社

を続けたのであって、Ｘは「就業規則が定める復職手続きを無視し、自己の見解に固執し、Ｙや自ら加入した労働組合からの正当な指導・指示も受け入れず、一方的な出社を続けているといわざるを得ず、会社の規則を軽視し、会社等の正当な指示も受け入れない姿勢が顕著といわざるを得ない」と認めました（前記イについて個別の言及はありませんでした）。

前記ウについて、「Ｘの作成・提出した目標管理シートや能力評価表は、具体的な記載がなかったり、そもそも記載すべき事項が記載されていなかったり、全く関係のない要求事項が書き連ねてあったりなど、到底その趣旨に合致しないものであった。しかも、Ｘは、Ｙの製造部長や人事課長ら上司に当たるべき者達から繰り返し説明や指示を受けたにもかかわらず、当初その提出を拒否していたり、到底その趣旨に合致しない目標管理シート等を提出したりしているのであり、単に目標管理シート等の趣旨を理解しないというにとどまらず、会社の決まりを軽視し、会社の正当な指示も受け入れない姿勢が顕著といわなければならない」と認めました。

前記エについて、原告は納期が迫った作業があるにもかかわらず、自分で完成させることも、必要な報告・引継ぎを行おうとしなかったばかりか、指導係からの注意にも何ら応答せずに帰宅していたことから、「従業員としてなすべき基本的な義務を怠り、これについての注意や指導を受け入れない姿勢が顕著で、改善の見込みもないといわざるを得ない」と認めました。

さらにも、前記オについて、職場での録音禁止の指示は「被用者が無断で職場での録音を行っているような状況であれば、他の従業員がそれを嫌悪して自由な発言ができなくなって職場環境が悪化したり、営業上の秘密が漏洩する危険が大きくなったりするのであって、職場での無断録音が実害を有することは明らかであるから、Ｘに対する録音禁止の指示は、十分に必要性が認められる正当なものであったというべきである」と判断しました。そのうえで、「Ｘは、Ｙの労働契約上の指揮命令権及び施設管理権に基づき、上司らから録音禁止の正当な命令が繰り返されたのに、これに従うことなく、懲戒手続きが取られるまでに至ったにもかかわらず、懲戒手続きにおいても自らの主張に固執し、けん責の懲戒処分を受けても何ら反省の態度を示さないばかりか、処分対象となった行為を以後も行うことを明言したものであって、会社の正当な指示を受

け入れない姿勢が顕著で、将来の改善も見込めなかったといわざるを得ない」と認定しました。

　Xにはほかにも従業員としての問題点が指摘され、本件普通解雇は客観的に合理的な理由を欠くとも、社会通念上相当ではないとも認められないと結論しました。

Q4　判決が与える影響はどうでしょうか

　普通解雇に当たっては、日常の業務遂行中の態度や指示命令への対応の問題点等を具体的に主張立証するとともに、改善の機会を提供したにもかかわらず、改善の見込みがないことを示す必要があります。録音禁止命令に対する態度など、日常の問題点の積み重ねをもとに普通解雇を行う際の参考とすべき事例です。

判決要旨

　「原告は、被告において、就業規則その他の規定上、従業員に録音を禁止する根拠がないなどと主張する。しかし、雇用者であり、かつ、本社及び東京工場の管理運営者である被告は、労働契約上の指揮命令権及び施設管理権に基づき、被用者である原告に対し、職場の施設内での録音を禁止する権限があるというべきである。このことは、就業規則にこれに関する明文があるか否かによって左右されるものではない。」

ビックカメラ事件

令元・8・1　東京地判

業務遂行能力や勤務状況は著しく不良と認められ、就業規程に基づき休職命じる事情もなく解雇は有効

　店舗の販売員として勤務していた原告が解雇されたことから、解雇は無効であるとして雇用契約上の地位の確認、賃金の支払い等を求めた事件。被告会社は、原告は無断で早退する、長時間売り場を離れる、上司に対して不適切な言動を行うなどがみられたことから、懲戒処分を行ったが改善がみられないため解雇に踏み切りました。これに対し原告は、精神疾患にり患している可能性を把握できたにもかかわらず早期に専門的な医療機関の受診も指示せず、休職命令等の措置をとらなかったなどと主張しました。判決は、原告の供述は不自然、不合理で信用できず、また、就業規程に基づき休職を命じる事情も認められないとして、解雇は有効と認めました。

◇◦。◇◦。◇◦。◇◦。

Q1　どんな事件ですか

　カメラ、電気製品等の販売を事業内容とするＹ会社（被告）と平成14年12月に期間の定めのない雇用契約を締結して店舗での商品の販売等の業務に従事していたＸ（原告）が、平成28年4月15日付で解雇されたこと（以下、「本件解雇」といいます）が無効であると主張して、①雇用契約上の権利を有する地位

にあることの確認、②平成28年5月分から平成30年3月分までの賃金として合計526万7,376円並びに同年4月以降の賃金として毎月25日限り21万9,474円及びこれに対する各支払日の翌日から支払い済みまで商事法定利率である年6％の割合の遅延損害金の支払いを求めた事件です。

　YはXが遅くとも平成24年から解雇になるまでの間、トイレに行くと申告して長時間売り場を離れる、インカムを用いて不適切な発言をする、無断で早退する、勤務時間中に立ち入り禁止区域で寝ている、上司に対して中傷的な発言をするなどの不適切な言動を頻繁に行ったと主張しました。YはXの不適切な言動に対してその都度注意し、平成27年6月6日、同月18日及び平成28年1月20日には勤務改善指導書をXに交付し、さらに平成27年8月10日、同年10月7日及び平成28年3月8日には懲戒処分を行うなどして、Xに対して反省及び改善を求めてきました。Xは不適切な言動を繰り返し改善の態度が一向に見られなかったため、社員就業規程44条（解雇）に定める「2号　勤務成績または業務遂行能力が著しく不良で、向上の見込みがなく、他の職務に転換できない等、就業に適さないと認められたとき」及び「3号　勤務状況が著しく不良で、再三注意をしても改善の見込みがなく、社員としての職責を果たしえないと認められたとき」に該当するとして本件解雇を行いました。

$Q2$　何が争点となったのでしょうか

　本件解雇の有効性が争点となりました。

　Xは、店舗の室温が低く設定されていたため体が冷えて何度もトイレに行く必要があったが、Yが十分な対応をとらずXがトイレに行くのを制限しようとし、体調が悪化して早退しようとしても上司が許可しなかったためにやむなく無断で早退したなどと主張しました。さらに、YはXを他の売り場に配置転換するように検討すべきであったとも主張しました。また、Xは精神疾患にり患している可能性があることをYが把握できたにもかかわらず早期に専門的な医療機関の受診を指示することもせず、また、休職命令等の措置をとらなかったことやXに問題行動が多くなったことを理由として、強制的に心療内科を受診させ、懲戒処分を出し続けるなど不当な対応を行ったと主張しました。そのため、本件解雇は、客観的合理性または社会的相当性が認められず、解雇権を濫

用したものであり無効であると主張しました。

$Q3$　判決の具体的な内容はどうだったのですか_____

　詳細な事実認定により、Xの業務遂行能力や勤務状況は著しく不良であったと認められ、Yの本件解雇は解雇権を濫用したものではなく、Xの請求はすべて棄却されました。

　Xの主張について、Xがトイレに行くことを希望した場合にこれを制限したことはなく、Xがトイレに行く場合のほかにも上司に対する侮蔑的な言動や職場において禁止されている行動をとるなどの不適切な言動が多数認められ、これに反するXの供述は不自然、不合理で信用できないとされました。また、Xを他の売り場に配置することで就業に適する状態になるものと認めることもできないと判断しました。Yが主張する解雇事由に該当することが認められました。

　Yは「Xの問題行動を確認するようになった後、Xに産業医との面談を行わせ、精神科医を受診させたほか、社員就業規程に基づき精神科医への受診及び通院加療を命ずるなどしているものであるから、Xの問題行動が精神疾患による可能性について、相当の配慮を行っていたものと認められる」とし、Xから休職の申し出があったとうかがわれないうえ、社員就業規程においてYが休職を命じるためには業務外の傷病による勤務不能のための欠勤が1ヵ月を超えたことまたはこれに準じる特別な事情が必要とされており、Xにはこのような事実が認められなかったことから、YがXに対して休職を命じるべき事情は認められないとしました。

$Q4$　判決が与える影響はどうでしょうか_____

　職場で反抗的な態度をとり上司の指示に従わないなど、いわゆる「問題社員」といわれる従業員の雇用契約を解雇によって終了することを認めた事例です。繰り返し書面による勤務改善指導を行っていたこと、懲戒処分により改善の機会を与えていたことが重視されるとともに、精神疾患のおそれがある問題社員に対して、相当の配慮を行ったことから、解雇が有効と認められた事例です。問題行動を繰り返す従業員に対して、口頭での注意だけでなく、文書での改善

指導を行い、それでも改善が認められない場合は、懲戒処分によって具体的な改善のための気づきを与えることが必要です。最終的には普通解雇を選択することが有効です。

判決要旨

　「被告は、原告の問題行動に対して懲戒処分や指導を行っていたほか、精神科医への受診及び通院加療等を命じるなどしているのに対し、原告は、継続的な通院を怠り、問題行動を繰り返しているのであるから、これらの事情を考慮すると、被告において休職の措置をとることなく本件解雇に及んだとしても、解雇権を濫用したものということはできない。」

第4部

その他
（労災・損害賠償等）

アメリカン・ライフ・インシュアランス・カンパニー事件

―――――――――――――――――― 平24・1・13　東京地判

競業避止義務は合理的な範囲に限定される

　外資系生命保険会社の本部長及び執行役員であった原告が退職後、同業の取締役執行役員副社長に就任したことから、競業避止条項に基づいて退職金が不支給とされました。これについて、退職した執行役員が不支給となった退職金と遅延損害金の支払いを求めて訴えた事件です。判決は、労働者には職業選択の自由が保障されていることから、競業避止の範囲が合理性を超えて「職業選択の自由を不当に害するものであると判断される場合には公序良俗に反するものとして無効になる」とし、本件の退職金の不支給を定めた条項も無効と判断しました。

◇◦。◇◦。◇◦。◇◦。

Q1　どんな事件ですか

　外資系大手生命保険会社Y社（被告）の金融法人本部長及び執行役員の地位にあったX（原告）は、平成21年6月30日にYを自己都合退職後、同年7月1日に別の外資系生命保険会社A社の取締役執行役員副社長に就任しました。

　X、Y間には平成17年3月1日に賃金、賞与及び退職金に関する合意が成立していたところ、退職金支給合意と同時に競業避止条項（以下、「本件競業避止条項」といいます）が定められており、本件競業避止義務に違反したときは退

職金不支給とするとの定め（以下、「本件不支給条項」といいます）がありました。これによって、退職金が不支給とされましたが、原告が不支給とされた退職金約3,037万円と遅延損害金の支払いを求めてＹを提訴したものです。

Q2 何が争点となったのでしょうか

争点は①競業避止義務の内容及び適用範囲、②本件不支給条項を適用することが公序良俗に反するかの２点です。

Q3 判決の具体的な内容はどうだったのですか

判決では競業避止義務の内容及び適用範囲を判断するに当たり、Ｙの金融法人本部長及び執行役員の地位にあったＸの労働者性について、次のような事実を認定して執行役員も労働者性を有すると認めました。

すなわち、Ｙが世界50以上の国・地域で事業展開していてＹ日本支店の執行役員がＹの経営者に類するものとはいえないこと、我が国の大規模な企業において、会社の任意の機関として執行役員が置かれることがあるが、多くの場合、会社と雇用契約を締結していること、ＹにはＸの給与を年額ベースで上回る賃金を得ていた従業員も相当数存在していたこと、Ｘは執行役員就任後も本部長として副会長の決裁を受けて業務遂行していたこと、その権限にほぼ変化がなかったこと、執行役員が構成員となる役員会では討議の対象はＹ日本支店の内部の管理体制にかかわることに限定されていたことと、執行役員就任の前後でＸの報酬の増加が住宅補助の増加分のみであることが、労働者性を認める理由とされました。

判決では、労働者には一般的に職業選択の自由（憲法22条１項）が保障されていることから、労働者の退職後の競業避止義務の合意について、一般論として「使用者の正当な利益の保護を目的とすること、労働者の退職前の地位、競業が禁止される業務、期間、地域の範囲、使用者による代償措置の有無等の諸事情を考慮し、その合意が合理性を欠き、労働者の職業選択の自由を不当に害するものであると判断される場合には、公序良俗に反するものとして無効となる」と述べ、競業避止義務の合意が無効であれば本件不支給条項も無効となるとしました。

　本件競業避止義務の内容及び適用範囲については、少なくともXのYにおける担当業務であったバンクインシュアランス業務を営む生命保険会社を転職禁止の対象としていたことはX、Yの認識が一致しており、Aへの転職が本件競業避止条項の禁止対象行為に当たるとしました。

　そのうえで、本件競業避止条項の目的は優秀な人材が他社へ流出することを防ぐために置かれたものでその背景にはYのノウハウや顧客情報等の流出を避ける意図があるものと認められるとしましたが、使用者の目的は正当な利益の保護を図るものとはいえないと判断しました。

　競業が禁止される業務の範囲は生命保険会社に勤務してきたXの転職制限として広範すぎるもので、転職禁止期間の2年間は経験の価値を陳腐化するといえるもので相当ではなく、地域の限定が何ら付せられていない点も適切ではないとしました。

　さらに、本件競業避止条項を定めた前後で賃金の差はさほどのものではなく、代償措置も十分に与えられていないうえ、本件退職金には賃金後払い的な要素も含まれていたものというべきであるとしました。さらに、Xの転職によってYに損害が生じたと認められずXの背信性の程度は高くないと認めました。

　結論として本件競業避止条項を含む合意は合理性を欠き、労働者の職業選択の自由を不当に害するものと判断されるから公序良俗に反するものとして無効とされ、本件不支給条項も無効となり、Xの請求が認められました。

$Q4$　判決が与える影響はどうでしょうか

　従業員の転職を規制する競業避止条項とその実効性を確保するための退職金不支給条項に対して厳しい判断となりました。競業避止条項を定める場合は使用者の正当な目的が明確となるよう、競業の範囲を限定し、代償措置も明確にしておくことが必要です。退職金不支給の範囲も全額とはせず、功労報償的部分のみとするのが妥当と思われます。

判決要旨

「一般に、労働者には職業選択の自由が保障されている（憲法22条1項）ことから、使用者と労働者の間に、労働者の退職後の競業についてこれを避止すべき義務を定める合意があったとしても、使用者の正当な利益の保護を目的とすること、労働者の退職前の地位、競業が禁止される業務、期間、地域の範囲、使用者による代償措置の有無等の諸事情を考慮し、その合意が合理性を欠き、労働者の職業選択の自由を不当に害するものであると判断される場合には、公序良俗に反するものとして無効となると解される。

　そして、上記競業避止義務を定める合意が無効であれば、同義務を前提とする本件不支給条項も無効となる。」

　「原告の退職前の地位は相当高度ではあったが、原告は長期にわたる機密性を要するほどの情報に触れる立場であるとはいえず、また、本件競業避止条項を定めた被告の目的はそもそも正当な利益を保護するものとはいえず、競業が禁止される業務の範囲、期間、地域は広きに失するし、代償措置も十分ではないのであり、その他の事情を考慮しても、本件における競業避止義務を定める合意は合理性を欠き、労働者の職業選択の自由を不当に害するものであると判断されるから、公序良俗に反するものとして無効であるというべきである。

　そして、上記競業避止義務を定める合意が無効である以上、同義務を前提とする本件不支給条項も無効であるというべきである。」

阪神バス（勤務配慮）事件

障害者に勤務配慮行わないのは公序良俗違反

障害を持つ路線バス運転者に出勤時間を午後０時以降とし、勤務間の空き時間を14時間以上とする勤務配慮を行っていた会社が経営合理化のためこれを認めないとしたことから、この障害を持つバス運転者が地位保全の仮処分を求めた事件です。判決は原告の請求を認めました。

◇□。◇□。◇□。◇□。

Q1 どんな事件ですか

　債権者Ｘは路線バスの運転手ですが、債務者Ｙを分社する前の訴外Ａ社に勤務していた平成10年１月ころから、身体の障害のため出勤時間を午後０時以降とし、前日の勤務終了から14時間以上空けて指定するという勤務配慮を受けていました。

　Ｙ社は経営合理化のため、訴外Ａ社のバス事業部門を会社分割によって承継して平成21年４月にバス事業を開始した会社であり、その事業開始に当たって、Ｘを含むすべての従業員はＡからＹに転籍となりました。Ｙに転籍時の労働条件はＡにおける労働条件と同一とすることとなりましたが、Ａ、Ｙ、Ａの労働組合及びＹの労働組合の４者はＹにおいては勤務配慮を認めないことを合意し、転籍時にＸら従業員にもＹでの就業規則等の説明において勤務配慮は原

則として認めないことが説明されました。

　XはYでの勤務開始後、平成22年12月までは勤務配慮を受けていましたが、平成23年１月以降は勤務配慮がなされず、通常の交代勤務に就いたところ、３カ月間で17日の当日欠勤となってしまいました。

　XがYを相手に従来の配慮勤務の適用を求めて地位保全仮処分申立てを行い、同事件でX、Y間に配慮勤務を平成24年３月末日まで認める和解が成立しました。Xはその後配慮勤務を受ける地位の確認を求める本訴を提起しました。さらに、平成24年４月以降の勤務について、Xは再度配慮勤務の継続を求めて、本件地位保全仮処分の申立てを行いました。

$Q2$　何が争点となったのでしょうか

　Xに対して勤務配慮をしないことが公序良俗ないし信義則に反するかです。その判断は、①勤務配慮を行う必要性及び相当性と、②これを行うことによるYの負担の限度とを総合的に考慮して行うこととされました。

$Q3$　決定の具体的な内容はどうだったのですか

　決定では「身体障害者に対し適切な配慮を行うことは、厚生労働省の障害者雇用対策基本方針においても求められており、障害者に対し、必要な勤務配慮を合理的理由なく行わないことは、法の下の平等（憲法14条）の趣旨に反するものとして公序良俗（民法90条）ないし信義則（同法１条２項）に反する場合があり得ると解される」と述べました。そのうえで、Xの障害の状況から、「緊急の場合に休憩をとることが比較的容易な路線を担当し、かつ毎日の勤務時間帯に比較的変動が少ないような勤務形態とする必要性が一応認められる。また、勤務配慮がなされていた時期と、これがされていない時期におけるXの勤怠状況の比較からも、上記必要性は裏付けられる」と述べ、「排便のコントロールが困難であるというXの症状と、その職務がバスの運転であり、乗客はもとより他の車両に乗車した者や歩行者等も含めた生命・身体等の安全の確保が強く求められるものであることに鑑みれば、上記配慮をすべき必要性は強いものといえる」と認めました。

　Yの負担については、Yの事業規模に加え、Xが所属する営業所に在籍する

運転士数が平成24年3月時点で194名あること、Xが実際に当日欠勤した場合に4名の運転士によりバスの運行に支障が生じないような業務分担の変更ができたことを挙げてXに対する勤務配慮がYにとって過度の負担となっていないことも一応認められるとしました。

結論としてXが求める勤務配慮を受ける地位保全が認められました。

Q4 決定が与える影響はどうでしょうか

本件決定では、障害を有する従業員が使用者に対して、職場で勤務するために必要な配慮を請求することができるかが争われた事件ですが、勤務配慮を認めないことが法の下の平等に反し公序良俗違反または信義側違反になり得ることを示しました。

障害者雇用の拡大が求められている中で、個別の障害者の状況を考慮して合理的な範囲で勤務配慮を行いながら障害者雇用を継続することが求められるという新しい判断です。

決定要旨

「身体障害者に対し適切な配慮を行うことは、厚生労働省の障害者雇用対策基本方針においても求められており、障害者に対し、必要な勤務配慮を合理的理由なく行わないことは、法の下の平等（憲法14条）の趣旨に反するものとして公序良俗（民法90条）ないし信義則（同法１条２項）に反する場合があり得ると解される。」

「勤務配慮を行わないことが公序良俗又は信義則に反するか否かについては、①勤務配慮を行う必要性及び相当性と、②これを行うことによる債務者に対する負担の程度とを総合的に考慮して判断をする。」

「債権者には、緊急の場合に休憩をとることが比較的容易な路線を担当し、かつ毎日の勤務時間帯に比較的変動が少ないような勤務形態とする必要性が一応認められる。また、勤務配慮がなされていた時期と、これがなされていない時期における債権者の勤怠状況の比較からも、上記必要性は裏付けられる。そうすると、債権者が求める勤務配慮については、その必要性が一応認められる。そして、排便のコントロールが困難であるという債権者の症状と、その職務がバスの運転であり、乗客はもとより他の車両に乗車した者や歩行者等も含めた生命・身体等の安全の確保が強く求められるものであることに鑑みれば、上記配慮をすべき必要性は強いものといえる。」

「債務者の事業規模に加え、債権者が所属する尼崎営業所に在籍する運転士数が平成24年３月時点で194名あり、実際に債権者が担当する運番を当日になって欠勤した場合に、４名の運転士によりバスの運行に支障の生じないような乗務分担の変更ができたこと及び債務者から、その主張に沿う的確な立証が、現時点においては十分になされていないことも考慮すれば、債権者に対する勤務配慮が、債務者にとって過度の負担となっていないことも一応認められる。」

ソクハイ事件

――――――――――――― 平24・11・15　東京地判

請負契約のメッセンジャーも組織に組み入れられるなどから労組法上の労働者

　運送請負契約のメッセンジャーが労働組合を結成し、団体交渉を申し入れたのに対し、使用者がそれに応じなかったことや、執行委員長が労働委員会に出席したことを理由として営業所長を解任されたことなどを不当労働行為だとして救済申立てをしました。都労委はこれを認めましたが、中労委は一部棄却したため双方が取消しを求めて訴えた事件です。判決はメッセンジャーを労組法上の労働者と認めました。

◇。。◇。。◇。。◇。。

Q1　どんな事件ですか

　原告X社はオートバイ、自転車等により企業から依頼を受けて書類等の配送等を行う会社で、Xと「運送請負契約」を締結して自転車を使用して配送業務を担当するメッセンジャーらが結成したZ労働組合（被告補助参加人）は、①平成19年11月30日付でZがXに対して申し入れたメッセンジャーの労働者性の問題及び年末年始の稼働等を議題とする団体交渉にXが応じなかった団体交渉拒否、②Zの執行委員長であったAが労働委員会における前記団体交渉拒否にかかる救済申立事件の調査期日に出席して発言したことを理由として、Xが平

成20年1月21日付で同人を飯田橋営業所長から解任したこと、③平成20年1月24日付及び同月31日付でZがXに申し入れたAの上記調査期日出席とAの営業所長解任にかかる団体交渉にXが応じなかった団体交渉拒否について、①と③は労働組合法7条2号、②は同条1号及び4号の不当労働行為にそれぞれ該当するとして東京都労働委員会に救済を申し立てました。

都労委が平成21年6月2日付命令をもってZの申立てを認めたため、Xは平成21年7月7日に中央労働委員会（被告、以下、「中労委」といいます）に対して初審命令の取消し、救済申立ての棄却を求めて、再審査を申し立てました。

中労委は、上記①は不当労働行為に該当しないが、上記③は労組法7条2号に、同②は同条1号及び4号に該当するとして、救済方法としてAの報酬差額相当の支払いと文書手交を命じました（以下、「本件命令」といいます）。Xは本件命令を不服として、本件命令には、事実誤認あるいは法令の解釈適用を誤った違法があるなどと主張して、その不服部分について処分の取消しを求めた事件です。

Q2 何が争点となったのでしょうか

中心の争点は、Xと「運送請負契約」を締結して自転車を使用して配送業務を担当するメッセンジャーらが労働組合法上の労働者に該当するか、営業所長であるAが労働者に該当するかです。AがXに対して営業所長の解任の無効等を主張して提起した地位確認等請求事件では、営業所長であるAは労働基準法上の労働者と認められ、メッセンジャーについては労働者とは認められないとする判決がなされていました（東京地判平21・5・13）が、本件では労働組合法上の労働者性が問題となりました。

Q3 判決の具体的な内容はどうだったのですか

中労委の本件命令は相当であり、Xの請求は棄却されました。

メッセンジャーと営業所長のいずれについても、労組法上の労働者に当たると認めました。その理由は、メッセンジャーはXの配送サービスの業務遂行にとって不可欠の労働力であること、営業所長はメッセンジャーから選任されてXの営業組織・人事管理体制を支える一部として、Xの一般的な指揮命令の下、

業務の事業組織に組み込まれていたというべきであり、メッセンジャーについても、かかる営業所長の管理の下にあるものとして、Ｘの事業組織に組み込まれていたとみるのが相当であること、メッセンジャーとＸとの契約はＸがあらかじめ用意し、定型化された「運送請負契約書」に基づいて締結されていること、メッセンジャーの報酬は出来高払いを基礎とするものであるといえるが、加算歩合制度などがとられており、労務供給における労働の質・量に対するＸの評価が報酬と一定程度には結び付く仕組みがとられていたと認められること、Ｘは質の高い配送サービスを随時提供することができるようにするため、統一的・画一的な稼働内容を想定したことがうかがわれ、出来高が労働量（時間）に依存する側面があったこと、メッセンジャーが個々の業務依頼について拒否することができないではなかったが、拒否事例は少なく、基本的にはこれを引き受けるべきものとされていたこと、履行すべき業務内容の場所・時間・態様の各面にわたり、一定程度に拘束を受けていたこと、メッセンジャーの事業者性が高いものとはいえないことです。

$Q4$　判決が与える影響はどうでしょうか

　企業と労働契約ではなく請負契約や業務委託契約を締結して業務を遂行する個人の労働組合法上の労働者については、すでに複数の最高裁判例が出されており（ＩＮＡＸメンテナンス事件、新国立劇場運営財団事件、いずれも最３小判平23・4・12）、本件判決もそれらの判決で示された判断の考え方を踏襲しています。労働契約以外の契約を締結していても、企業との間で労働組合を結成して団体交渉によって契約内容の交渉を行わせることが妥当であると認められる場合には、労働組合法上の労働者と認められることが明らかになり、これらの個人契約者が労働組合を結成した場合には企業が「労働者」性を認めて誠実な交渉を行う必要があります。

判決要旨

　「メッセンジャーについて営業所長の管理の下、原告の事業組織に組み込まれていたといえること、契約内容を原告が一方的に決定していたものといえること、メッセンジャーの報酬は本来出来高払い制であるもののその出来高は労務提供（労働量）に依存する側面があること、メッセンジャーは個々の業務依頼を基本的には引き受けるべきものとされていたこと、メッセンジャーの稼働について、時間・場所・態様の各面につき、一定程度の拘束があるとみるのが相当であること、メッセンジャーの事業者性が高いものとは評価し難いことなどの諸点に、労組法の目的（同法１条１項）を総合考慮すると、メッセンジャーは、労働契約又は労働契約に類する契約によって労務を供給して収入を得る者として、同法３条所定の労働者に当たる（原告との関係では同法７条の「雇用する労働者」にも当たる）と認めるのが相当である。」

第一興商（本訴）事件

平24・12・25　東京地判

休職事由の消滅は使用者側反証ない限り推認すべき

視覚障害を発症して休職した労働者について、休職期間の満了により自動退職とされたことに対して、労働者側が視覚障害はパワハラによって発症したとして損害賠償と自動退職の無効などを主張して地位確認を請求した事件です。判決はパワハラは否定しましたが、自動退職についてはこれを認めず地位確認を認容しました。

◇。。◇。。◇。。◇。。

Q1　どんな事件ですか

　原告Ｘは業務用カラオケ機器の賃貸、販売及びリース並びにカラオケルーム及び飲食店の経営等を行う被告Ｙ社の総合職正社員として、平成11年４月１日から勤務していました。Ｘは平成14年５月からＹ本社総務部法務室に配属されて契約書作成・チェック、営業担当への契約締結の助言、法令確認、コンプライアンス体制の企画・構築等の法務事務全般と株主総会関連業務等を担当していました。その後、Ｘは平成17年10月から特販営業部営業第二課に異動になり、平成19年４月からＤＳサービス部管理課に異動しました。

　Ｘは平成20年８月ころから視野の中心が発光して見えなくなり、テレビやパソコンといった発光体がすべて白色になり見えなくなるという視覚障害を生じ

ました。Xは上記視覚障害のため、Yから平成21年１月７日から１年間の休職を命じられ、同年12月７日に、YはXに対し、平成22年１月６日までに休職事由が消滅しない場合には就業規則19条１項の規定により退職となる旨通知し、同年１月８日、YはXに対し、同月６日付で上記就業規則の規定に基づき退職（以下、「本件自動退職」といいます）となった旨通知しました。しかし、Xは、同年２月１日に本件自動退職を受け入れず復職を求めることを通知し、Yから支給された退職金も供託を行いました。また、Xは入社以来、本件自動退職に至るまで10年９ヵ月間、一度も昇進・昇格をしていませんでした。

　XはYに対し、各配属先の上司からパワハラを受けたと主張して損害賠償の支払いと休職期間満了までに復職が可能な状態であり、本件自動退職は無効であると主張して従業員の地位確認等を請求しました。

Q2　何が争点となったのでしょうか

　上司によるパワハラの存否と本件自動退職の有効性、特に休職期間満了時の復職の可否です。パワハラについては、Xが主張する上司による仕事の取り上げ、嫌がらせや暴言を浴びせられたという事実が存在したかどうかの事実認定が争点となりました。本件自動退職については、休職命令の有効性、Xの傷病の業務起因性の有無、休職期間満了時のXの復職の可否の判断が争点となりました。

Q3　判決の具体的な内容はどうだったのですか

　上司によるパワハラの事実は認められませんでした。YがXに対して行った休職命令は有効と認められ、Xの傷病の業務起因性も否定されました。

　しかし、本件自動退職の有効性については、「労働者が、職務や業務内容を特定することなく雇用契約を締結している場合においては、現に就業を命じられた特定の業務について労務提供が十全にはできないとしても、その能力、経験、地位、当該企業の規模・業種、当該企業における労働者の配置、異動の実情及び難易等に照らし、当該労働者が配置される現実的可能性があると認められる他の業務について労務の提供をすることができ、かつ、その提供を申し出ているのであれば、なお債務の本旨に従った履行の提供があると解するのが相当で

ある（最高裁判所平成10年4月9日第一小法廷判決・裁判集民事188号1頁参照）」と述べたうえ、休職事由が消滅したと主張立証する責任は労働者側にあるのが相当としながら、企業における労働者の配置・異動の実情及び難易等の内部事情については労働者側が立証し尽くすのは困難であるとして、労働者が配置される可能性がある業務について労務の提供をすることができることの立証がなされれば休職事由が消滅したことについて事実上の推定が働くというべきであるとし、「使用者が当該労働者を配置できる現実的可能性がある業務が存在しないことについて反証を挙げない限り、休職事由の消滅が推認されると解するのが相当である」と述べて、使用者側に休職事由が消滅していないことについての主張立証を求めるとしました。

　そのうえで、Xは視覚障害者補助具の活用により業務遂行が可能であると専門医から意見が述べられており、パワーポイント等のソフトを用いて企画書の作成ができる等と認められたことから、Yが「多様な部門を擁する大企業であることからすれば、高々月額26万円程度の給与水準の事務職が、Yの内部に存在しないとは考えにくいというべきである」として「Xについては、遅くとも、平成22年1月6日の本件休職期間満了時点において、休職の理由となった疾病が治癒し通常の勤務に従事できる状態となっていたと認めるのが相当であって、休職事由は消滅していたというべきである」と判断し、地位確認請求を認容しました。

Q4 判決が与える影響はどうでしょうか

　休職事由消滅はその効果を主張する労働者側が主張立証すべき事由であることは明らかですが、本件判決では従業員が一定の主張立証を行うことで、休職事由が消滅したことに事実上の推定を用いて使用者側に反対の立証を行わせることによって、休職事由消滅を認めました。休職期間満了時の復職可能性を大変広く認める考え方であり、同様の判断が繰り返されると業務外疾病の従業員の休職期間満了による退職が認められにくくなります。

判決要旨

「休職事由が消滅したことについての主張立証責任は、その消滅を主張する労働者側にあると解するのが相当であるが、使用者側である企業の規模・業種はともかくとしても、当該企業における労働者の配置、異動の実情及び難易といった内部の事情についてまで、労働者が立証し尽くすのは現実問題として困難であるのが多いことからすれば、当該労働者において、配置される可能性がある業務について労務の提供をすることができることの立証がなされれば、休職事由が消滅したことについて事実上の推定が働くというべきであり、これに対し、使用者が当該労働者を配置できる現実的可能性がある業務が存在しないことについて反証を挙げない限り、休職事由の消滅が推認されると解するのが相当である。」

「被告は、多様な部門を擁する大企業であることからすれば、高々月額26万円程度の給与水準の事務職が、被告の内部に存在しないとは考えにくいというべきである。」

伊藤忠商事事件

平25・1・31　東京地判

精神疾患の休職期間満了時の休職事由消滅の立証責任は従業員にあり退職は有効

　双極性障害で病気休職し、その後トライアル出社をしたものの、病気が回復していないと会社が判断し退職としたことに対して、従業員が復職可能なまでに回復したと主張、地位確認などを求めた事件です。判決は病状の回復は立証されておらず、請求は認められないとして棄却しました。

◇□。◇□。◇□。◇□。

Q1　どんな事件ですか

　総合商社であるＹの「総合職」の正社員であったＸは双極性障害（躁うつ病）にり患し、平成16年秋ころから体調が悪化し、休暇・欠勤を経て同19年4月24日以降休職を命じられ、2年9ヵ月の休職期間満了により、同22年1月23日に退職となりました。しかし、ＸはＹに対して休職期間満了前に復職可能な程度までに回復したなどと主張して、Ｙに対して雇用契約上の地位確認を求めるとともに未払い賃金とこれに対する遅延損害金の支払いを求めた事件です。

Q2　何が争点となったのでしょうか

　Ｘが「休職期間中において、休職事由が消滅した」と認められるか否かであ

り、具体的には休職期間満了までに、Ｙの総合職として、債務の本旨に従った労務提供ができる程度に病状が回復したか否かです。

Q3 判決の具体的な内容はどうだったのですか

　業務外の傷病による休職期間満了をめぐる訴訟における主張立証責任について、判決では、業務外の傷病による休職期間満了によって退職となるという就業規則の規定は、休職期間満了時の雇用契約の終了事由を規定したものと解されるため、使用者であるＹは従業員であるＸが傷病によって休職を命じられ、就業規則所定の休職期間満了による雇用契約の終了を主張立証することで足り、Ｘが復職を申し入れ、休職事由が消滅したことを主張立証すべきと判断しました。本件では、Ｘは休職期間満了前に復職の希望を申し出て平成21年11月30日からトライアル出社としてＹに出社してＹが指定する業務に従事していました。そのため、「本件の中心争点は、Ｘが休職期間満了日である平成22年1月23日までに、Ｙの総合職として、債務の本旨に従った労務提供ができる程度に病状が回復したとの事実の立証を尽くしているか否か」ということになります。

　Ｘは総合職としてＹに雇用されていることから、Ｘの復職可能性を検討すべき職種は、Ｙの総合職であり、その業務はＸが休業前に従事していた営業職においては、「国内外の取引先間において、原材料や製品の売買の仲介を行うことが中心であり、具体的には、市況や需要等に関する様々な情報を収集・分析し、仕入先及び販売先に取引内容案を提示して交渉を進めるとともに、取引先の信用調査を行い、取引先への与信限度を社内で申請・設定し、仕入先及び販売先との合意に至れば契約書を締結し、その後、商品の引き渡し、代金の支払、回収・運搬・通関手配、為替予約のための相場確認等を行うものであり、海外の取引先を含め社内外の関係者との連携・協力が不可欠であるから、これを円滑に実行することができる程度の精神状態にあることが最低限必要とされることが認められる」とされました。本件判決では、Ｘの主治医、Ｙの産業医、及びＹの嘱託精神科医の診断書や診療録等の証拠に基づいてＸの回復の状態を判断し、Ｘが休職期間満了時において総合職としての業務が行える程度に回復していたとは認められないと判断しました。

　Xは「仮に休職前の業務について労務の提供が十全にできないとしても、その能力、経験、地位、使用者の規模や業種、その社員の配置や異動の実情、難易等を考慮して、配置換え等による現実に配置可能な業務の有無を検討し、これがある場合には、当該労働者に配置可能な業務を提供すべきである」と主張しました。この主張に対し、Yの「総合職」の業務は営業系、管理系業務の何れであっても、社内外の関係者との連携・協力が必要であり、その業務遂行には、対人折衝等の複雑な調整等にも耐え得る程度の精神状態が最低限必要とされることには変わりがないとして、Xの回復程度からして、XがYの総合職として「他職種」において就労できる現実的可能性についても、立証が尽くされてないと判断し、Xの請求はすべて棄却されました。

Q4　判決が与える影響はどうでしょうか

　精神疾患による休職期間満了時の休職事由消滅の主張立証責任が従業員にあることが明らかにされたこと、回復の程度については、休業前の職務遂行を前提に判断することが明らかになるとともに、その立証方法として複数の医師の診断書等により総合判断されることが明らかになりました。休職期間満了退職をめぐる紛争が増加しており、今後の参考になる事件です。

判決要旨

　「使用者である被告は、労働者である原告が傷病によって休職を命じられ、就業規則所定の休職期間の満了による雇用契約の終了を抗弁として主張・立証し、原告が復職を申し入れ、休職事由が消滅したことを再抗弁として主張・立証すべきものと解するのが相当である。」

　「総合商社である被告の総合職の業務は、原告が休業開始前に従事していた営業職においては、国内外の取引先間において、原材料や製品の売買の仲介を行うことが中心であり、具体的には、市況や需要等に関する様々な情報を収集・分析し、仕入先及び販売先に取引内容案を提示して交渉を進めるとともに、取引先の信用調査を行い、取引先への与信限度を社内で申請・設定し、仕入先及び販売先と合意に至れば契約書を締結し、その後、商品の引渡し、代金の支払、回収・運搬・通関手配、為替予約のための相場確認等を行うものであり、海外の取引先等を含め社内外の関係者との連携・協力が不可欠であるから、これを円滑に実行することができる程度の精神状態にあることが最低限必要とされることが認められる。」

　「被告の総合職としての業務は、営業職、管理系業務のいずれであっても、社内外の関係者との連携・協力が必要であり、その業務遂行には、対人折衝等の複雑な調整等にも堪え得る程度の精神状態が最低限必要とされることには変わりがない。そうすると、これまで判示したとおり、原告が、休職期間満了までにいまだ治癒・寛解には至っておらず、継続して軽躁状態のままであり、不安定な精神状態にあったと認められる中、本件全証拠をもってしても、原告が、休職期間満了までに、被告の総合職としての複雑な業務の遂行に堪え得る程度の精神状態にまで回復していたとは、およそ認めるに足りないといわざるを得ないから、原告が被告の総合職としての『他職種』において就労できる現実的可能性についても、同様に立証が尽くされていないというほかない。」

医療法人社団こうかん会（日本鋼管病院）事件

平25・2・19　東京地判

業務中の入院患者からの暴行による精神障害発病は平均的労働者にとっての危険性で判断

看護師が業務中に入院患者から暴行を受けて傷害を負い、復職後再び暴行を受け、適応障害として休職し、期間満了により解雇されたことから、この解雇の無効と病院の安全配慮義務違反で損害賠償などを請求した事件です。判決は、最初の暴行事件については安全配慮義務違反を認めましたが、解雇無効などは棄却しました。

◇◻。◇◻。◇◻。◇◻。

Q1　どんな事件ですか

　Y医療法人が経営するA病院の看護師であったXは、平成18年1月28日に勤務中に入院患者から暴力行為（第1事故）を受けて負傷して休職した後、平成19年6月に左上肢に後遺障害を負った状態で復職しましたが、平成19年8月8日に再度入院患者から暴力を振るわれた（第2事故）として、医師から適応障害との診断を受けて休職していたところ、平成21年10月11日付で休職期間満了によりYから解雇されました（以下、「本件解雇」といいます）。Xは①第1事故、第2事故による休職は、いずれもにYにおける業務に起因する傷病であり、Yに雇用契約上の安全配慮義務違反があるとして、Yに対し債務不履行による

損害賠償の請求と、②Ｙの解雇は労働基準法19条違反で無効であるとして、解雇後の賃金の支払いを求めました。

Q2　何が争点となったのでしょうか

　①第１事故に関するＹの安全配慮義務違反の有無、②第２事故に関するＹの安全配慮義務違反の有無、③Ｘが被った損害及びその額、④本件解雇の効力、⑤Ｘの賃金請求権の有無及び額の各点です。本稿では①、②及び④について解説します。

Q3　判決の具体的な内容はどうだったのですか

　第１事故について、看護師がせん妄状態、認知症等により不穏な状態にある入院患者から暴行を受けることはごく日常的な事態であったと認められたことから、Ｙとしては、看護師が患者からこのような暴行を受け傷害を負うことについて予見可能性があったと認められました。そのうえで、「入院患者中にかような不穏な状態になる者がいることもやむを得ない面があり、完全にこのような入院患者による暴力行為を回避、根絶することは不可能であるといえるが、事柄が看護師の身体、最悪の場合生命の危険にかかわる可能性もあるものである以上、Ｙとしては、看護師の身体に危害が及ぶことを回避すべく最善を尽くすべき義務があったというべきである」と認め、具体的注意義務の内容については「看護師全員に対し、ナースコールが鳴った際、（患者が看護師を呼んでいることのみを想定するのではなく、）看護師が患者から暴力を受けている可能性があることをも念頭に置き、自己が担当する部屋からのナースコールでなかったとしても、直ちに応援に駆け付けることを周知徹底すべき注意義務を負っていた」と指摘しました。実際には第１事故の際に、他の看護師の対応が遅れたことにＹの安全配慮義務違反があったことを認めました。

　一方、第２事故については、ＹがＸの復職に当たって担当業務などに十分に配慮していたこと、第２事故の暴行の程度が軽微であったこと、第２事故以後のＸの行動等を認定したうえで、「患者から暴力をふるわれたことによる心理的負荷を原因として精神障害を発症することが当然に予見可能であるということはできないから、本件の事実関係の下で、Ｙの本件適応障害発症について、

Yに予見可能性があったということはできない」としました。そのうえで、「第2事故は、第1事故の後遺障害が残る状況下で発生したものであるものの、客観的にみて、これが精神障害発症の引き金になるほど、重度の心理的負荷をもたらす内容のものであったとは認め難い。したがって、Xの適応障害とX主張に係る安全配慮義務違反に該当する事実との間に、相当因果関係があるということもできない」としてYの安全配慮義務違反を否定しました。

　Xの解雇については、第2事故などの事象が「平均的労働者にとって精神障害を発症させる危険性のある心理的負荷をもたらすものであったと認めることはできないから、Xの従事していた業務と本件適応障害発症との間に、相当因果関係を認めることはできない」として、Xの適応障害が労基法19条1項の「業務上」の傷病であることは認められず、休職期間満了を理由としてなされた解雇は有効と認めました。

$Q4$　判決が与える影響はどうでしょうか

　業務上の傷病からの復職後、さらに職場でのトラブルに見舞われ長期の休業を余儀なくされた事例ですが、「業務上」の障害といえるかどうかについて、「平均的労働者」を基準として相当因果関係の判断が行われたことが重要です。心理的負荷の程度については個人差がありますが、ストレスに特に弱い本人を基準にするのではないため、企業の責任の範囲が限定されることになります。

判決要旨

「被告病院側としては、復職後、原告の勤務状況を観察しつつ、徐々に原告に依頼する業務を増やしていき、その中で入院患者に対する食事介助を依頼したという経緯があるのであるから、原告の心情にかんがみ、それなりに慎重に対応していたということができる。したがって、被告病院側が、同僚看護師らに対し、原告について就労可能な業務が限定されている旨伝えていなかったことをもって、被告の安全配慮義務違反があるということはできない。」

「第2事故は、第1事故の後遺障害が残る状況下で発生したものではあるものの、客観的にみて、これが精神障害発症の引き金になるほど、重度の心理的負荷をもたらす内容のものであったとは認め難い。したがって、原告の適応障害と原告主張に係る安全配慮義務違反に該当する事実との間に、相当因果関係があるということもできない。」

「業務の危険性の判断は、当該労働者と同種の平均的労働者、すなわち、何らかの個体側の脆弱性を有しながらも、当該労働者と職種、職場における立場、経験等の点で同種の者であって、特段の勤務軽減まで必要とせずに通常業務を遂行することができる者を基準とし、このような意味の平均的労働者にとって、当該労働者の置かれた具体的状況における心理的負荷が一般に精神障害を発病させる危険性を有し、当該業務による負荷が他の業務以外の要因に比して相対的に有力な要因となって当該精神障害を発病させたと認められれば、業務と精神障害発病との間に相当因果関係が認められると解するのが相当である。」

「原告主張に係る各事象については、それを併せ考慮したとしても、平均的労働者にとって精神障害を発症させる危険性のある心理的負荷をもたらすものであったと認めることはできないから、原告の従事していた業務と本件適応障害発症との間に、相当因果関係を認めることはできないというべきであり、他にこれを認めるに足りる的確な証拠はない。」

宇都宮クレーン車交通事故損害賠償事件

——————— 平25・4・24　宇都宮地判

てんかん発作による交通事故は母親にも損害賠償責任

持病であるてんかんを隠して大型クレーン車を運転していて、その間に発作のため意識を失い6人の児童の命が失われた事件で被害者の両親らが、運転者だけでなくその母親、雇用主に対して民法709条、715条、自動車損害賠償保障法3条に基づいて損害賠償を請求した事件。判決は母親が薬の服用を怠ったことを知っていたことなどから責任を認めました。

◇◦。◇◦。◇◦。◇◦。

Q1 どんな事件ですか

被告Aが時速約40キロメートルで大型クレーン車を運転中に持病のてんかんの発作を起こして意識を失い、通学中の被害児童CからH（以下、「被害児童ら」といいます）までの6名に同車を衝突させて、被害児童らを死亡させた事故（以下、「本件事故」といいます）について、被害児童らの両親らがAに対しては自賠法3条及び民法709条（不法行為責任）、Aの母親である被告A'に対して民法709条及びAを雇用していた被告Bに対して自賠法3条、民法715条1項及び民法709条に基づいて損害賠償請求を行った事件です。

Q2　何が争点となったのでしょうか

　てんかんにり患していたAの母親であるA'が本件事故に関して損害賠償義務を負うかどうかです。

Q3　判決の具体的な内容はどうだったのですか

　本件事故においてA'はAによる運転行為に直接関与していたわけではありませんが、てんかんの疾病を有していたAが前夜に服用すべきであった抗てんかん薬を服用していない状態で自動車を運転することをA'が制止せず、事故回避のための措置をとらなかったという不作為について、その作為義務を負っていたかどうかが問題になりました。

　前提となる事実として、次の各事実が認定されました。Aは小学校3年生当時からてんかんにり患していることが判明し、その後抗てんかん薬の処方を受けていました。A'はAが処方された抗てんかん薬を処方どおりに服用していなかったときには必ずてんかんの発作を起こしていたことから、Aが一度でも処方どおりに抗てんかん薬を服用しない場合にはてんかんの発作を起こす可能性が高いことを認識していました。Aは免許の欠格事由に該当していたにもかかわらず、高校在学中に原付免許を取得し、A'はAが運転免許の欠格事由に該当することを認識しながら、抗てんかん薬を服用させていればてんかん発作を起こすことがないだろうと考えてAに原動機付自転車を買い与えました。その後、A'はAが普通免許を取得する費用を立て替えて負担しAに普通免許を取得させ、Aに自動車を買い与えるなどしました。Aが大型クレーン車の運転免許を取得する際もこれを援助し、医師からAの就職先で自動車運転にかかわることがないかどうかを聞かれた際にはクレーン車の運転を行っていることを隠ぺいしました。Aは本件事故の前にも、抗てんかん薬を服用しなかった際に自動車運転をして運転中にてんかん発作を起こし、人身事故を発生させていましたが、A'はその事故に関する刑事事件の公判でAの事故はてんかん発作が原因であることを知りながら、居眠り運転のためである旨の虚偽の証言をして、てんかん発作が原因であることを隠ぺいしました。A'は本件事故の前夜にAが服用すべき抗てんかん薬を服用していなかったことを知りながら、Aの

出勤に当たって自動車運転を控えるよう注意することはしませんでした。

　判決では「被告Ａ'は被告Ａによる自動車運転の開始及び継続について、被告Ａに対する加担行為に加えて、第三者に対してそのことが露見する機会を被告Ａと一緒になって消滅させてきたことにより、処方された抗てんかん薬を処方どおりに服用していない状態での被告Ａによる運転行為により生じる危険を、被告Ａとともに引き受けたということができる」と述べ、本件事故当日にＡ'はＡが自宅を出た直後にＢ会社に通報することが容易であったことからすれば、Ａ'が本件事故の発生を回避することができたといえるとし、そのような通報をしなかったことには違法性があり、Ａ'には本件事故による損害を賠償する責任があると認めました。

$Q4$　判決が与える影響はどうでしょうか

　てんかんにり患している従業員が自動車運転中にてんかん発作を起こして重大な交通事故を発生させるリスクは、企業のみならず、その家族にまで損害賠償責任として及ぶことを明らかにしました。本人だけでなく、その周囲の者にも、処方どおりに服薬を継続すること、禁忌とされている自動車等の運転にかかわらせないことを厳重に管理する責任があります。疾病患者の自己責任では済まされず、安全確保のための社会的な責任を果たすことが求められていることを十分に認識すべきです。

　企業にとっては、従業員がてんかん等の疾病によって自動車運転が禁忌となっている事実を隠ぺいされると、これを健康診断などで発見確認することは困難になります。通勤や業務に自動車運転を伴う場合、疾病が原因の事故を起こしたことについて、本人だけでなく家族にまで損害賠償責任が及ぶことを明らかにした本判決の存在を従業員に知らせて、危険な行為を引き起こさせないよう十分に教育することが有効な対応となります。

判決要旨

　「被告A'は、本件事故当日の遅くとも午前7時ころまでには、被告A
がその前夜に服用すべきであった抗てんかん薬を服用していない状態で
被告会社へ出勤しクレーン車等の運転に従事することになることを認識
していたのであるから、被告会社に対して、被告Aがてんかんに罹患し
ていること及び本件事故当日は抗てんかん薬を処方どおりに服用してい
ないから特に発作を起こしやすい状態にあることを通報するなどしてい
れば、被告会社において、被告Aに対して事情を確認する等の措置を講
ずることができ、少なくとも漫然と被告Aをクレーン車の運転に従事さ
せることはなかったものと認められる。そして、被告Aが自宅を出た直
後に被告A'が被告会社に通報することは容易であったことからすれ
ば、被告A'がかかる措置を執っていれば本件事故の発生を回避するこ
とができたといえる。」

　「被告A'は、遅くとも被告Aが自宅を出た本件事故当日の午前7時こ
ろまでには、前日の夜に抗てんかん薬を処方どおりに服用しなかった被
告Aによる自動車の運転行為により歩行者等の生命、身体及び財産に対
する重大な事故が発生することを予見することができた一方で、被告会
社に通報すれば被告会社において漫然と被告Aをクレーン車の運転に従
事させることはなく、本件事故の発生を防止することができたものと認
められ、被告Aが自宅を出た直後に被告A'が被告会社に通報すること
は容易であったことからすれば、被告A'が通報しなかったことには違
法性が存するというべきである。」

兵庫県・兵庫県労委（川崎重工業）事件

―――――――――――――――― 平25・5・14　神戸地判

派遣先は派遣労働者の直接雇用の要求や雇用申込み義務について団交応諾義務を負わない

> 派遣元から解雇された派遣労働者らが所属する労働組合が、派遣先に対して派遣法に違反したことによる雇用申込みを求めて団交要求したが拒否されたため不当労働行為の申立てをした事件です。労働委員会がこれを棄却したため、提訴しましたが、判決は、派遣先が派遣労働者の解雇などに影響を及ぼすことはないとして棄却しました。

◇□。◇□。◇□。◇□。

Q1　どんな事件ですか

　原告Ｘ労働組合の組合員らはＡ社及びＢ社に雇用されて労働者派遣契約または請負契約に基づいて被告補助参加人Ｚ社の工場で就労していましたが、平成21年11月から同年12月にかけてＡ社及びＢ社からそれぞれ解雇または雇止めをされたため、ＸがＺに対して組合員の雇用に関する要求事項を掲げて団体交渉を申し入れました。しかし、Ｚは組合員の使用者には当たらないことを理由としてこれに応じませんでした（以下、「本件団体交渉拒否」といいます）。そのため、Ｘは被告Ｙ県労働委員会（行政処分庁）に対してＺの行為が労働組合法７条２号（誠実交渉義務違反）の不当労働行為に当たるとして不当労働行為救

済命令申立て（以下、「本件申立て」といいます）を行いましたが、Yは、Zは組合員の使用者に当たらないと判断して本件申立てを棄却する命令（以下、「本件命令」といいます）をしました。Xは本件命令を不服として、その取消しを求めて提訴しました。

Q2 何が争点となったのでしょうか

本件団体交渉拒否にかかるZの使用者性の有無です。具体的に派遣契約における派遣先及び請負契約における発注者の派遣労働者及び請負労働者に対する使用者性の有無です。

Q3 判決の具体的な内容はどうだったのですか

判決ではZが使用者に当たるとは認められず、Yの本件命令は適法であり、Xの請求は棄却されました。

まず、不当労働行為禁止規定（労働組合法7条）における「使用者」について、「一般に、労働契約上の雇用主をいうものと解されるが、同条が団結権の侵害に当たる一定の行為を不当労働行為として排除、是正して正常な労使関係を回復することを目的としていることにかんがみると、雇用主以外の事業主であっても、雇用主から労働者の派遣を受けて自己の業務に従事させ、その労働者の基本的な労働条件等について、雇用主と部分的とはいえ同視できる程度に現実的かつ具体的に支配、決定することができる地位にある場合には、その限りにおいて、同事業主は同条の『使用者』に当たるものと解するのが相当である」と判じたいわゆる朝日放送事件最高裁判決を参照しつつ、本件団体交渉拒否において問題となっている団体交渉事項は組合員らの雇用問題であることから、「Zが団体交渉に応じる義務がある使用者に当たるというためには、Zが組合員の雇用確保について、雇用主であるA社と同視できる程度に現実的かつ具体的に支配、決定することができる地位にあったといえる必要があると解される」と述べました。そのうえで、派遣先であるZが派遣労働者であった組合員らと直接雇用契約を締結するかは、「基本的にZの有する採用の自由が及ぶ範囲内の事柄であり、Zが自ら直用化するか否かを決定することができるからといって、そのことから直ちにZが使用者に当たると解することはできない」と

し、その理由として、朝日放送事件最高裁判決が述べた「『労働者の基本的な労働条件等』には採用に関する事項（雇い入れるか否か）が含まれないことは同事件における事案の内容および判旨から明らかである」、「企業は、法律その他による特別の制限がない限り、原則として自由に雇用を決定できると解されること」、さらに個別労働紛争解決促進法においても「個別労働紛争」から「労働者の募集および採用に関する事項についての紛争を除く」とされていることをあげました。

さらに、労働者派遣が派遣法に違反する状態に至っている場合の派遣先の労働契約申し込み義務（派遣法40条の4）については、派遣先が派遣労働者に対して負う私法上の義務ではないこと、A社が組合員を解雇するについて、ZはA社が誰を解雇するかについてA社に対して影響力を及ぼしておらず、人選をA社の意向にゆだねていたものというべきであり、採用の場面でZがA社に何らかの影響力を及ぼしていることはうかがえないとして、単に業務の大半を依存している事実のみからZを使用者と認めることはできないとしました。

また、派遣法に定める派遣先の直接雇用申し込み義務を怠ったとしても、派遣法上の指導、助言、勧告、公表などの措置がとられるにとどまり、派遣先が申し込みを行ったと同様の効果を生じさせるものではないこと、派遣先であるZの業務が減少しており、Zは労働局の指導を受けるまでもなく派遣契約を終了させるつもりであったことからするとZと組合員らとの間で近い将来労働契約が成立する可能性が現実的かつ具体的に存するものにも当たらないと認めました。

Q4　判決が与える影響はどうでしょうか

派遣先の団体交渉応諾義務については、派遣先と派遣労働者の状況や団体交渉における要求事項によって判断が分かれています。しかし、派遣先が直接雇用の要求を受けたことや派遣法40条の4による雇用契約申込み義務を負うことのみでは、団体交渉応諾義務を負わないことが明らかになりました。

判決要旨

「労働者派遣が派遣法に違反する状態に至っている場合には、確かに派遣先において派遣労働者を直接雇用することは違法状態を解消し、派遣労働者の雇用の安定を図る一つの方策ではあるが、派遣労働者の雇用の安定を図る方策は直接雇用に限られるわけではないことに加え、派遣法40条の4は、派遣可能期間に抵触する等一定の要件を充たした場合に派遣先企業に派遣労働者に対する労働契約の申込みを義務付けているものの、当該申込義務は、派遣先企業が派遣労働者に対して負う私法上の義務ではなく、国に対して負う公法上の義務であって、派遣労働者はこれが履行された場合に反射的利益を受ける立場にあるにとどまると解されることからしても、原告の主張する上記①、②の要件を充たす場合に、当然に派遣先企業が使用者に当たるということもできない（なお、派遣先事業主による直接雇用申込みみなし制度を規定した派遣法40条の6は、まだ施行されていない。）。」

「派遣法の定める派遣先の直接雇用申込義務は私法上の義務ではなく、これを怠ったとしても派遣法上の指導、助言、勧告、公表などの措置が採られるにとどまり、派遣先が申込みをしたのと同じ効果を生じさせるものではなく、罰則として派遣先と派遣労働者との間で雇用関係が創設されるわけでもないことからすると、そもそも、補助参加人が直接雇用申込義務を負うことから直ちに派遣労働者との間で近い将来において雇用関係の成立する可能性が現実的かつ具体的に存するものということはできない。」

岡山県貨物運送事件

平25・6・25　仙台地判

新入社員の入社半年での自殺は月100時間を超える時間外労働が原因で不法行為

新卒正社員が入社半年で自殺したことについて、その労働者の両親が、自殺の原因は月100時間を超える時間外労働による過労と上司のパワーハラスメントだとして、会社と上司に不法行為による損害賠償を請求した事件です。判決は会社の不法行為による損害賠償を認めましたが、上司については増員要請をしていたことなどから不法行為は認めませんでした。

◇□。◇□。◇□。◇□。

Q1 どんな事件ですか

平成21年4月に大学卒業後、新卒正社員として運送業を営むY社に入社したAが、平成21年10月に自殺した（以下、「本件自殺」といいます）のは、Y社における長時間労働と上司であるZからの暴行や執拗な叱責、暴言などのいわゆるパワーハラスメントを受けたことにより精神障害を発症したことによると主張して、Aの両親であるXらがY社に対しては安全配慮義務違反の債務不履行または不法行為による、Zに対しては不法行為による逸失利益、慰謝料等の損害賠償合計約1億1,200万円を請求した事例です。Aの死亡については、平成21年10月に業務上の心理的負荷により適応障害を発症した結果、本件自殺に至っ

たものであるとして、本件自殺が業務上災害に当たるものと認定され、Ｘらには遺族補償一時金837万6,000円、遺族特別支給金300万円、遺族特別一時金13万6,000円及び葬祭料56万6,280円（合計1,207万8,280円）が支給されていました。

$Q2$　何が争点となったのでしょうか

　本件自殺と業務との間の相当因果関係の有無（争点１）、Ｙ社の安全配慮義務違反の債務不履行または不法行為の有無（争点２）、Ｚの不法行為の成否（争点３）及び損害（争点４）です。

$Q3$　判決の具体的な内容はどうだったのですか

　争点１について、Ａが従事していた業務は、新入社員でまだ十分に業務に習熟していなかったため、肉体的に大きな負荷がかかっていたと認められること、業務量の増大とともに業務密度が上昇したと認められること、本件自殺３ヵ月前は月129時間50分に上る時間外労働に従事し、本件自殺５ヵ月前から月100時間程度かそれを超える時間外労働があったこと、深夜10時を超える勤務も多数回に及んでいたこと、Ｚから受けていた叱責は業務上の範囲を逸脱し違法なものとであったと評価することはできないが、前記の長時間労働に従事する過酷な勤務状況下においてＺからの日常的な叱責はＡに相当程度の心理的負荷を与えていたというべきであることなどを総合的に見て、Ａには業務により相当程度に強度の肉体的・心理的負荷がかかっていたものと認めることができると判断しました。その結果、平成21年９月中旬に適応障害を発症し、発症後も長時間労働への従事を余儀なくされて適応障害がより悪化し、同年10月６日、午後出勤前に飲酒するという問題行動を起こし、これがＺらに知られるところとなったことにより、従前Ａの情緒を不安定にさせていた解雇の不安が増大し、それまでに蓄積した疲労とあいまって、Ａは正常な認識、行為選択能力及び抑制力が著しく阻害された状態となり自殺したもので、本件自殺はＡの業務に起因するものであったと認めるのが相当であるから、本件自殺と業務との間には相当因果関係があるということができると認めました。

　争点２については、Ａの長時間労働の事実からＹ社とＺには本件自殺という結果の予見可能性があると認められました。Ｙ社は適宜業務の状況や時間外労

働などＡの就労環境を確認し、さらにはＡの健康状態に留意するなどして、Ａが過剰な時間外労働をすることを余儀なくされ心身に変調をきたすことがないように注意すべき義務があったというべきであり、Ｙ社にはこの注意義務違反により債務不履行責任及び不法行為責任のいずれも認められるとしました。

争点３については、ＺはＹ社において人員配置の権限があったとは認められないことやＹ社においては長時間労働が常態化していたものと認められること、ＺがＹ社に増員要請を行い、その後も時間外労働の報告を行うことでＺとして権限の範囲内で期待される相応の行為を行っていたことと認められることや、ＺがＡに対して業務上の指導として許容される範囲を逸脱して違法なものと評価するに足りる行為を行ったとは認められないことから、Ｚの不法行為責任を否定しました。

争点４については、Ａは大学卒ですが、Ｙ社における賃金体系が男性大卒全年齢平均年収よりも相当程度低いことから、逸失利益の算定に当たっては男性学歴計全年齢平均年収を基礎収入として計算し、過失相殺は認めませんでした。また、労災給付については、遺族補償一時金のみを損益相殺することを認めました。合計で約6,940万円の損害賠償が認められました。

$Q4$　判決が与える影響はどうでしょうか

長時間労働が常態化していた職場で新入社員が自殺した案件について、2011年12月に出された「心理的負荷による精神障害の認定基準について」（平成23年12月26日付基発1226第１号）を参照しつつ、独自の認定で業務と自殺の相当因果関係を認めました。長時間労働を認識している使用者に対して厳しい損害賠償責任を課する判断であり、同様の労働時間が認められる職場では、早急に改善が必要となります。

判決要旨

「被告Ｚに、被告会社における人員配置の権限があったとは認められないことや、亡Ａの同期入社社員のメールからみて被告会社の他の営業所においても報告とは異なる長時間労働が常態化していたものとうかがわれることからすれば、被告Ｚとしては、被告会社に対してＣ営業所における従業員の増員を要請し、その後も毎月の残業時間の報告によってＣ営業所における従業員の長時間時間外労働が解消されていないことを被告会社に認識させていたことをもって、被告Ｚの権限の範囲内で期待される相応の行為を行っていたと評価することができ、被告Ｚが本件義務に違反したとまでいうことはできない。」

東レエンタープライズ事件

平25・12・20　大阪高判

派遣労働者が受けたセクシュアルハラスメントで派遣元が積極的な対応をしなかったのは配慮義務違反

　派遣先でセクシュアルハラスメントを受けた派遣労働者が、派遣元に相談したにもかかわらず積極的に対応せず、派遣契約の中途解除への対応も十分でなかったなどとして派遣元に対して損害賠償を求めて訴えた事件。1審は派遣元がガイドブックを交付したり、申入れを行っていることからこれを認めませんでしたが、2審の本判決は調査を行わなかったなどから対応が十分でないとして損害賠償を認めました。

Q1　どんな事件ですか

　人材派遣会社であるY社（被告、被控訴人）からY社と同一のグループ会社であるTRC社に派遣されて就労していた派遣社員X（原告、控訴人）がTRC社で派遣就労していた間にTRC社の親会社であるT社からTRC社に出向していたAからセクハラ被害を受けたことについて、雇用主及び派遣元として負うべき派遣労働者に対する就労環境配慮義務違反の債務不履行または不法行為があったとして、XがY社に対して300万円の損害賠償を請求した事件です。

　第1審（京都地裁平成24年10月26日判決）では、Y社は派遣元として「派遣

先が派遣就業に関する法令を遵守するように、その他派遣就業が適正に行われるように、必要な措置を講ずる等適切な配慮をすべき義務を負う（派遣法31条参照）」と認めましたが、Ｙ社の対応には違法な点があったと認めることができないとしてＸの請求を棄却しました。そのため、Ｘが控訴したものです。

Q2 何が争点となったのでしょうか

　派遣元であるＹ社がＸとの派遣労働契約を締結した際の対応（争点①）、Ｙ社の派遣元責任者ＢがＸからＡからのセクハラ被害を受けているとの申し出を受けた後の対応（争点②）及びTRC社からＸ及びＢがＸにかかる派遣契約を中途解約する意向があることを通知された後のＹ社の対応（争点③）が、派遣元としてのＹ社のセクハラ防止義務等に反するものでないか、並びにＸが２次的セクハラ被害を受けないように適切な配慮が行われていたか（争点④）です。

Q3 判決の具体的な内容はどうだったのですか

　控訴審判決では、争点①及び④については第１審と同様にＹ社の責任を認めませんでしたが、争点②及び③について、Ｙ社にセクハラ救済義務及び解雇回避義務を十分履行したとはいえないとして、Ｘに対し慰謝料として金50万円の支払いを命じました。

　争点①については、Ｙ社が就業規則に派遣労働者がセクハラ被害を受けたと感じたとき等に派遣元責任者に相談すべきことなどを定めて、就業規則を読みやすい文字で記載したサポートガイドブックを作成して派遣労働者に配布していたうえ、労働者派遣契約時に、苦情処理の申し出先が明示されている派遣社員雇い入れ契約書（兼）就業条件通知書を交付していたことから、セクハラ防止義務を履行していると認めました。

　争点②については、Ｙ社には派遣元として派遣社員がセクハラの被害を受けたと申告した場合、「派遣元事業主の立場で事実関係を迅速かつ正確に調査し、派遣先に働きかけるなどして被害回復、再発防止のため、誠実かつ適正に対処する義務がある」としました。そのうえで、派遣元責任者ＢがＸからセクハラ被害を受けていると知らされたにもかかわらず何らの対応もしなかったこと、ＸがＹ社及びTRC社の親会社であるＴ社が設けている「Ｓ事業場人権委員会」

（以下、「本件委員会」といいます）事務局に投書をしたことにより、事務局業務を担当するＴ社の従業員が対処をした結果として、TRC社でAに関して席替え、指導や異動の措置が行われましたが、これらについてもBが積極的な関与をした形跡がないことを事実認定して、Y社は上記の義務を履行したとはいえず、これに違反したというべきであると認めました。

　争点③については、「Y社は、Xの派遣元事業主として、セクハラ被害を受けた派遣労働者が、解雇されたり退職を余儀なくされたりすることがないよう配慮すべき義務を負う」としました。そのうえで、TRC社からXにかかる労働者派遣契約を中途解除する意向であること及びセクハラ加害者であるAがTRC社に復帰することがその理由となっていることを告げられたのであるから、Y社はTRC社に抗議して中途解除の撤回を求めるべきであったのに、一度抗議しただけでAの復帰及びXにかかる労働者派遣契約の解除をやむを得ないこととして容認してTRC社に対してそれ以上の対応をとらなかったことが上記義務に違反したと認めました。

　争点④については、セクハラの2次的被害の防止として派遣元責任者であるBが1ヵ月に2、3回Xに合う機会に変わったことがないかなどの会話をしていたことで、Xにセクハラ申告の意向があれば対応が可能な状況を作っていたといえるとして義務履行を認めました。

Q4 判決が与える影響はどうでしょうか

　派遣労働者が派遣先において就労する際にセクハラ被害を受けないように派遣元が対応する責任があることは明らかです。しかし、Y社及びTRC社も参加してグループ会社を横断して設置された本件委員会の活動によりセクハラ被害の解決が図られたことについて、全くY社が何もしなかったと評価するのは一方的であり、さらに、他社の人事の問題でありY社としては決定権限を有さないことが明らかなAの復帰と派遣労働契約の中途解除の申し出に「厳重に抗議して撤回を求めるべき」とした判断には疑問があります。

「被控訴人には、控訴人の派遣元事業主として、派遣労働者がセクシュアル・ハラスメントの被害を受けたと申告した場合、派遣元事業主の立場で事実関係を迅速かつ正確に調査し、派遣先に働きかけるなどして被害回復、再発防止のため、誠実かつ適正に対処する義務があるところ、上記認定事実によれば、被控訴人のBは、平成17年8月18日に、控訴人からセクシュアル・ハラスメントの被害を受けている旨を知らされたのにもかかわらず、自ら何らの調査もすることなく、何らの対応もしなかった。そして、控訴人がセクシュアル・ハラスメントの被害について本件委員会に投書をしたことにより、本件委員会事務局の業務を担当するT社の従業員であるHが対処をした結果、TRC社において、席替え、Aへの指導、さらにはAの応援というかたちでの異動が行われたが、これらについてもBが積極的な関与をした形跡がない。そうすると、被控訴人は、上記の義務を履行したとはいえず、これに違反したというべきである。」

「被控訴人は、派遣元事業主として、TRC社に対し、直ちに抗議して中途解除の撤回を求めるべきであったと認められる。しかるに、Bは、Cに一度抗議しただけで、Aの復帰及び控訴人に係る労働者派遣契約の中途解除をやむを得ないこととして容認し、TRC社に対するそれ以上の対応をとらなかったというのであるから、被控訴人は、上記義務の履行をしたとは到底いえず、これに違反したというべきである。」

U社ほか事件

平26・3・5　東京地判

従業員は在職中は誠実義務を負っており、引き抜き行為は競業避止義務違反

　派遣会社の営業所長と管理職の2人が、競業会社に転職と同時に同社の派遣社員を勧誘して離職させ、同時に派遣社員の派遣先にも営業活動を行ったことに対して、引き抜きをされた派遣会社が営業所長と管理職、転職先の派遣会社を債務不履行及び不法行為で訴えた事件です。判決は在職中、従業員は誠実義務として使用者の正当な利益を侵害してはならないとして、在職中の引き抜きを違法と認めました。

◇◦。◇◦。◇◦。◇◦。

Q1 どんな事件ですか

　派遣会社である原告X社の仙台営業所の所長であった被告Cと同営業所の管理職であった被告Dが、X社を退職して被告U社に転職する前に、X社に在職中であったにもかかわらず、E及びFに対してX社からの転職とU社への転職を勧誘（引き抜き）し、さらに、X社の顧客に対してU社からE及びFが派遣就労するように営業活動等を行い、E及びFをU社からの派遣社員として就労させたことについて、X社が被告らに対して引き抜き行為等の違法を主張して損害賠償の支払いを求めた事件です。

$Q2$　何が争点となったのでしょうか

　被告らに債務不履行責任、不法行為責任が認められるか及び被告会社に不法行為責任が認められるかです。

　具体的には①被告らによるEまたはFに対する違法な引き抜きが行われたといえるかどうか、②被告らがEまたはFの派遣先会社に対して営業活動を行い、原告とこれらの派遣先会社との間の契約締結あるいは契約継続を妨げ、被告会社が派遣先会社とEまたはFを派遣する労働者派遣契約したのが、違法な顧客の奪取といえるかどうかです。

$Q3$　判決の具体的な内容はどうだったのですか

　判決では、「在職中の従業員は、使用者に対し、誠実義務として、使用者の正当な利益を不当に侵害してはならないよう配慮する義務を負っており、具体的にいえば、使用者の営業上の秘密を保持すべき義務や使用者の利益に著しく反する競業行為を差し控える義務を一般的に負っている」とし、さらに本件では原告の就業規則で従業員が当然に負っている守秘義務や競業避止義務といった労働契約上の付随義務が明確に規定されていると認めました。そのうえで、①については、引き抜きが単なる勧誘の範囲を超え、著しく背信的な方法で行われ、社会的相当性を逸脱しているといえる場合に初めて違法になると解されるとしました。②については、顧客の奪取が社会通念上自由競争の範囲を逸脱した違法なものといえる場合に違法となると解されるとし、在職中の行為については退職後に比べてより厳しく違法性の有無が判断されるべきとしました。

　Eに関する引き抜き等について、もともと原告における待遇に不満を持っていたEが自身の意思で転職を判断するに至ったことについては、被告らに何らかの法的責任が発生するとは認め難いとしました。一方、Eが原告会社を退職する前であるにもかかわらず、派遣先となる会社に対してEが原告会社を退職する予定であることを告げて、原告会社からEが派遣されずに被告会社から派遣されることになったことについては、在職中の被告Dに競業避止義務違反が認められるとしました。

　Fに関する引き抜き等については、Fが被告Dらの説明を聞いたうえで労働

条件が改善されることを期待して原告会社を退職する意思決定をしたことについて、被告Dが原告会社に在職中にもかかわらず被告会社の会社説明に同席したことは不相当なところがあるものの、単なる勧誘の範囲を超えて、著しく背信的な方法で行われ、社会的相当性を逸脱しているとまではいい難く、違法な引き抜きが行われたとは認めませんでした。一方、Fが退職したため、原告会社から派遣されていた派遣先との派遣契約が終了し、被告会社に入社後は同じ派遣先に被告会社から派遣されることになったことについては、被告らが共同して原告会社と派遣先との契約継続妨害を行ったと認められました。

　結論として、被告Dに対して、Eに関する派遣契約の成立を妨害した競業避止義務違反の損害賠償として、派遣契約成立によって得べかりし利益の3ヵ月分64万3,269円の支払いを命じるとともに、Fに関する派遣先との契約継続妨害の損害賠償として、被告らに連帯して派遣契約継続によって得べかりし利益の3ヵ月分102万6,672円の支払いを命じました。

$Q4$　判決が与える影響はどうでしょうか

　在職中の従業員による他の社員の引き抜きと派遣契約妨害行為について、損害賠償責任の有無を明確にしました。在職中の競業避止義務は従業員として使用者に対する誠実義務の内容ですが、実際に違反行為が行われた場合の損害賠償の範囲について、他の社員の退職を促す行為については限定的に解している点に特徴があります。使用者は従業員の退職を予防するためには、労働条件の改善などに努力すべきであり、他社の労働条件を伝えるなどして退職の意思決定を促す程度では、違法な引き抜き行為とは認められません。

判決要旨

「本件では、〈1〉被告らによるE又はFに対する違法な引き抜きが行われたといえるかどうかと、〈2〉被告らがE又はFの派遣先会社（甲ハウス又はUA社）に対して営業活動などを行い、原告とこれらの派遣先会社との間の契約締結あるいは契約継続を妨げ、被告会社が派遣先会社とE又はFを派遣する労働者派遣契約を締結した点が、違法な顧客の奪取といえるかどうかが問題になっている。

　そもそも、在職中の従業員は、使用者に対し、誠実義務として、使用者の正当な利益を不当に侵害してはならないよう配慮する義務を負っており、具体的にいえば、使用者の営業上の秘密を保持すべき義務や使用者の利益に著しく反する競業行為を差し控える義務を一般的に負っている。また、本件では、（中略）原告の就業規則（書証略）で、従業員が当然に負っている守秘義務や競業避止義務といった労働契約上の付随義務が明確に規定されているところでもある。

　そして、上記〈1〉の問題については、引き抜きが、単なる勧誘の範囲を超え、著しく背信的な方法で行われ、社会的相当性を逸脱しているといえる場合に初めて違法になると解される。また、〈2〉の問題については、顧客の奪取が、社会通念上自由競争の範囲を逸脱した違法なものといえる場合に違法となると解される。ところで本件では、問題となっている行為が、被告両名が原告在職中に行われており、もともと従業員が労働契約上の誠実義務を負っていることを踏まえれば、引き抜きや顧客の奪取が退職後に行われた場合に比して、より厳しく違法性の有無が判断されるべきと解する。」

東芝事件

———— 平26・3・24　最二小判

労働者がうつ病で通院していたことを申告しなかったとしても損害賠償を過失相殺することはできない

うつ病により休職した者が期間満了により解雇されたことについて、うつ病の原因が業務に起因するとして解雇無効、安全配慮義務違反などに基づく損害賠償を請求した事件で、裁判所が損害賠償額の２割を減額したことに対して不服を申し立てた事件です。最高裁は２割の減額を認めず高裁に差し戻しました。

◇。。◇。。◇。。◇。。

Q1　どんな事件ですか

　X（原告、控訴人、上告人）はY会社（被告、被控訴人、被上告人）に勤務していましたが、うつ病に罹患して休職し、休職期間満了後に解雇されました。Xは上記うつ病がYにおける過重な業務に起因するものであるとして上記解雇は違法、無効であると主張して、Yに対し、安全配慮義務違反等による債務不履行または不法行為に基づく休業損害や慰謝料の損害賠償、Yの規定に基づく見舞金の支払い、未払い賃金の支払い等を求めた事件です。第１審、第２審ともに、うつ病が業務に起因することを認め、YのXに対する解雇が無効であるとし、Yの安全配慮義務違反によるXに対する損害賠償義務を認めました。し

かし、損害額の算定においてはＸ側の事情を考慮して過失相殺に関する民法418条または722条２項の規定の適用ないし類推適用によって損害額の２割の減額を認めました。また、Ｘが健康保険組合から受給した傷病手当金と未だ支給決定がされていない期間の休業補償給付について損害額から控除することについて相当としました。Ｘがこれらを不服として上告しました。

$Q2$　何が争点となったのでしょうか

　第一に、損害額の算定において、過失相殺の適用または類推適用の可否です。具体的には、安全配慮義務違反等による債務不履行または不法行為の損害賠償額の算定において、従業員であるＸが精神科への通院やその診断にかかる病名、神経症に適応のある薬剤の処方等の情報を上司や産業医等に申告しなかったことが、ＹにおいてＸのうつ病の発症を回避したり発症後の増悪を防止する措置をとる機会を失わせる一因となったと認めて過失相殺することができるか、入社後に慢性的に生理痛を抱え、過重な業務につく前の時期から慢性頭痛及び神経症と診断されて抑うつや睡眠障害に適応のある薬剤の処方を受けていたこと、業務を離れて治療を受けながら９年を超えてなお寛解に至らないことを合わせて考慮してＸには個体側の脆弱性が存在していたと推認されていわゆる素因減額をすることができるかです。

　第二に、傷病手当金や未支給決定の休業補償給付を損害額から控除することの可否です。

$Q3$　判決の具体的な内容はどうだったのですか

　最高裁はＸの上告を認めて損害額の算定のために審理を高裁に差し戻す判決をしました。

　まず、Ｘの担当していた業務について、うつ病発症の数ヵ月前において１ヵ月当たり60時間から84時間程度の法定時間外労働を行い、しばしば休日や深夜の勤務を余儀なくされていたところ、初めてプロジェクトのリーダーになるという相応の精神的付加を伴う職責を担う中で「業務の期限や日程をさらに短縮されて業務の日程や内容につき上司から厳しい督促や指示を受ける一方で助言や援助を受けられず、上記工程の担当者を理由の説明もなく減員された上、過

去に経験のない異種製品の開発業務や技術支障問題の対策業務を新たに命ぜられるなどして負担を大幅に加重されたものであって、これらの一連の経緯や状況等にかんがみると、Xの業務の負担は相当過重なものであったといえる」と判断しました。そのうえで、XがYに申告しなかった自らの精神的健康（いわゆるメンタルヘルス）に関する情報は、「労働者にとって自己のプライバシーに属する情報であり、人事考課等に影響しうる事柄として通常は職場において知られることなく就労を継続しようとすることが想定される性質の情報であったといえる」としたうえで、「使用者は、必ずしも労働者からの申告がなくても、その健康にかかわる労働環境等に十分な注意を払うべき安全配慮義務を負っているところ、上記のように労働者にとって過重な業務が続く中でその体調の悪化が看取される場合には、上記のような情報については労働者本人からの積極的な申告が期待しがたいことを前提とした上で、必要に応じてその業務を軽減するなどの労働者の心身の健康への配慮に努める必要があるものというべきである」と述べて、Xから申告がなかったことをもって過失相殺をすることはできないとしました。

　また、Xの個体側の脆弱性については、Xが過重な業務によって発症し増悪する前には入社以来長期間にわたって特段の支障なく勤務を継続していたこと、訴訟継続中には争訟等の帰すうへの不安を抱えていたことがうかがわれることを認めて、Xについて、「同種の業務に従事する労働者の個性の多様さをして通常想定される範囲を外れる脆弱性などの特性等を有していたことをうかがわせるに足りる事情があるということはできない」としました。

　さらに、傷病手当金については不当利得として健康保険組合に返還されるべきものであること、いまだ決定されていない休業補償給付は現実に支給されていない以上控除はできないこととしました。

$Q4$　判決が与える影響はどうでしょうか

　労働者が自らの健康情報の申告を使用者に行っていなかったとしても、使用者には業務の状況から体調の悪化が看取できる場合には、積極的に業務の軽減などの措置をとる安全配慮義務があるとされたことは、使用者にとっては場合によっては結果責任を認めるに等しいことになりかねません。労働者個人の健

康状態を個別に使用者が独自に把握することは極めて困難だからです。結局、長時間労働など過重な業務が存在した場合には、労働者に健康被害が生じた責任をすべて使用者が負うことになりかねないと考える必要があります。

判決要旨

「上記の過重な業務が続く中で、上告人は、上記のとおり体調が不良であることを被上告人に伝えて相当の日数の欠勤を繰り返し、業務の軽減の申出をするなどしていたものであるから、被上告人としては、そのような状態が過重な業務によって生じていることを認識し得る状況にあり、その状態の悪化を防ぐために上告人の業務の軽減をするなどの措置を執ることは可能であったというべきである。これらの諸事情に鑑みると、被上告人が上告人に対し上記の措置を執らずに本件鬱病が発症し増悪したことについて、上告人が被上告人に対して上記の情報を申告しなかったことを重視するのは相当でなく、これを上告人の責めに帰すべきものということはできない。」

「被上告人が安全配慮義務違反等に基づく損害賠償として上告人に対し賠償すべき額を定めるに当たっては、上告人が上記の情報を被上告人に申告しなかったことをもって、民法418条又は722条2項の規定による過失相殺をすることはできないというべきである。」

医療法人稲門会事件

平26・7・18　大阪高判

育児休業の取得を理由として職能給の昇給を行わず昇格試験を受験させないのは不法行為

育児休業を取得した看護師がそれを理由に職能給の昇給が行われず、昇格試験の受験資格も認められなかったので、不利益取扱いとして損害賠償を請求した事件です。1審は受験させなかったことは違法と認めましたが、昇給については棄却しました。これを不服として控訴した事件で判決はいずれも不法行為として認めました。

◇◦｡◇◦｡◇◦｡◇◦｡

Q1 どんな事件ですか

　被控訴人・被告Yが開設する病院に看護師として勤務していた控訴人・原告Xが平成22年9月4日から同年12月3日まで3ヵ月間の育児休業を取得したことにより、YはXについて、①3ヵ月以上の育児休業をした者は翌年度の職能給を昇給させない旨の就業規則の定めにより平成23年度の職能給昇給を行わず、②3ヵ月以上の育児休業をした者は当年度の評価対象外になるとして一定の年数継続して基準を満たす評価を受けたものに付与される平成24年度の昇格試験の受験資格を認めず、受験の機会を与えませんでした。XはこれらのYの取り扱いが育児介護休業法10条によって禁止される不利益取り扱いに該当し、

公序良俗に反する不法行為であると主張して、Yに対して昇給、昇格していれば支給されていたはずの賃金、賞与及び退職金額と実際に支払われた額の差額28万414円と慰謝料30万円の支払いを求めて提訴したものです。なお、Xは平成25年1月31日にYを自己都合退職しました。

　第1審判決では、①については、育児休業をしたことによる不利益な取り扱いが公序良俗に反して不法行為法上も違法になるのは、育児介護休業法が労働者に保障した同法上の育児休業取得の権利を抑制し、ひいては同法が労働者に前記権利を保障した趣旨を実質的に失わせる場合に限られると解すべきであるとして、3ヵ月の育児休業取得をもって職能給昇給を行わない取り扱いが望ましいものではないとしても労働者の育児休業取得の権利を抑制するものとまでは認められないから、公序良俗に反する違法なものとまではいえないと判断しました。②については、Yの就業規則上、勤務期間が3ヵ月以上ある者は人事評価の対象となると理解するのが自然であり、Xの育児休業取得年度である平成22年度を人事評価の対象外とすることはできないとしました。Xは平成24年度に昇格試験を受験する資格を得たというべきであり、正当な理由なくXに昇格の機会を与えなかったYの行為は違法であるとしました。また、平成24年度と25年度に行われた昇格試験で不合格者がいなかったことなどからXが受験した場合には合格する可能性が高かったことは認めましたが、合格した高度の蓋然性があるとまでは認めることはできないとして、賃金等の差額の損害との間に因果関係を認めず、慰謝料として15万円のみを認定しました。

　Xはこの第1審判決を不服として控訴しました。

Q2　何が争点となったのでしょうか

　前記①、②の措置が不法行為に該当するかです。特に控訴審では第1審では不法行為とは認められなかった平成23年度に昇給をさせなかった措置が問題となりました。②の措置が不法行為に該当し、その損害として慰謝料15万円のみが認められることは第1審の判断が維持されました。

Q3　判決の具体的な内容はどうだったのですか

　前年度に3ヵ月以上の育児休業をすれば、残りの期間の就労状況や勤務態度

にかかわらず、翌年度は職能給を昇給させない取り扱いについて、Yは、「1年のうち不就労期間が3ヵ月以上に及ぶと、職能給の昇給に必要な現場での就労経験をつむことができず、能力向上を期待することができないからである」と主張しましたが、「同じ不就労でありながら、遅刻、早退、年次有給休暇、生理休暇、慶弔休暇、労働災害による休業・通院、同盟罷業による不就労、協定された組合活動離席などは、職能給昇給の欠格要件である3ヵ月の不就労には含まれないというのであるから、育児休業を上記欠勤、休暇、休業に比べて不利益に取り扱っているといえる」と認定しました。さらに、「1年のうち4分の1にすぎない3か月の育児休業により、他の9か月の就労状況いかんにかかわらず、職能給を昇給させないというものであり、休業期間を超える期間を職能給昇給の審査対象から除外し、休業期間中の不就労の限度を超えて育児休業者に不利益を課すものであるところ、育児休業を私傷病以外の他の欠勤、休暇、休業の取扱いよりも合理的理由なく不利益に取り扱うものである。育児休業についてのこのような取扱いは、人事評価制度の在り方に照らしても合理性を欠くものであるし、育児休業を取得する者に無視できない経済的不利益を与えるものであって、育児休業の取得を抑制する働きをするものであるから、育児介護休業法10条に禁止する不利益取扱いに当たり、かつ、同法が労働者に保障した育児休業取得の権利を抑制し、ひいては同法が労働者に保障した趣旨を実質的に失わせるものであるといわざるを得ず、公序に反し、無効というべきである」と判断しました。これにより、Xに対する損害賠償として賃金、賞与の差額合計8万9,040円の支払いを認めました。

Q4 判決が与える影響はどうでしょうか

　育児休業については、賃金支払い義務はありませんが、育児休業取得により、他の休業等に比べて不利益に取り扱っていると認められること及び休業期間を超えて勤務した期間についても不利益が及ぶと認められることは、育児介護休業法10条に違反すると判断されることになり、このような取り扱いは公序良俗に反する不法行為と認定されることになります。昇給や昇格など将来にわたる影響のある制度設計には十分注意が必要です。

判決要旨

「１年のうち４分の１にすぎない３か月の育児休業により、他の９か月の就労状況いかんにかかわらず、職能給を昇給させないというものであり、休業期間を超える期間を職能給昇給の審査対象から除外し、休業期間中の不就労の限度を超えて育児休業者に不利益を課すものであるところ、育児休業を私傷病以外の他の欠勤、休暇、休業の取扱いよりも合理的理由なく不利益に取り扱うものである。育児休業についてのこのような取扱いは、人事評価制度の在り方に照らしても合理性を欠くものであるし、育児休業を取得する者に無視できない経済的不利益を与えるものであって、育児休業の取得を抑制する働きをするものであるから、育児介護休業法10条に禁止する不利益取扱いに当たり、かつ、同法が労働者に保障した育児休業取得の権利を抑制し、ひいては同法が労働者に保障した趣旨を実質的に失わせるものであるといわざるを得ず、公序に反し、無効というべきである。」

サントリーホールディングス他事件

—— 平26・7・31　東京地判

「新入社員以下……」「おまえは馬鹿」など一連の発言はパワーハラスメントによる不法行為で上司と会社に賠償責任

　「新入社員以下だ。もう任せられない」とか「何で分からない。おまえは馬鹿」といった一連の発言などパワーハラスメントを受けたことによるうつ病で休職を余儀なくされた労働者が、パワハラを行った上司とコンプライアンス室長、会社に対して損害賠償を請求した事件です。判決はパワハラであると認め、上司と会社に損害賠償を命じましたが既往歴があったことから4割の素因減額を行いました。

◇◦。◇◦。◇◦。◇◦。

Q1　どんな事件ですか

　被告Y₁会社にグループ再編された清涼飲料等の製造販売を業とするA会社の社員であった原告Xが、A会社の業務に関して、上司であった被告Y₂からパワーハラスメントを受けたことによりうつ病の診断を受けて休職を余儀なくされるなどしたこと、Y₁のコンプライアンス室長であった被告Y₃がY₂のパワーハラスメント行為に対して適切な対応をとらなかったことによりXの精神的苦痛を拡大させたことを主張して、Y₂及びY₃に対しては不法行為責任（民

法709条)、Y₁に対してはA社の使用者責任（民法715条）と職場環境配慮義務
違反を理由とする損害賠償責任をグループ再編に伴い承継したものであるとし
て、治療費、休業損害、逸失利益及び慰謝料等合計約2,424万円の請求が行われ
たものです。

$Q2$　何が争点となったのでしょうか

　Y₂の言動がパワーハラスメントに当たる不法行為に該当するか否か、Y₃の
言動が不法行為に該当するか否か、A社及びY₁の責任の有無、さらにXに生
じた損害の有無とその額です。

$Q3$　判決の具体的な内容はどうだったのですか

　Y₂のXに対する言動がパワーハラスメントに当たるか否かについて、そも
そも、Y₂がどのような言動を行っていたかが争われました。Y₂がXに対し
て、「新入社員以下だ。もう任せられない」、「なんで分らない。お前は馬鹿」と
の、またはこれに類する発言を行ったことを認定しました。これらの言動がX
に対する注意指導のために行われたものであって、上司としてすべき正当な業
務の範囲内にあり社会通念上許される業務上の指導の範囲を超えたものではな
かったというYらの主張に対して、Y₂の言動がXに対する嫌がらせ等の意図
を有していたとは認めませんでしたが、これらの発言はXに対して屈辱を与え
心理的負担を過度に与える行為及びXの名誉感情をいたずらに害する行為であ
るとして、Y₂の言動は、「Xに対する注意または指導のために許される限度を
超え、相当性を欠くものであったと評価せざるを得ない」としてXに対する不
法行為を構成すると認めました。

　また、Y₂が、Xがうつ病の診断結果のある診断書を提出して休職の願い出
をした際の行動について、Y₂がXに3ヵ月の休養については有給休暇で消化
してほしいこと、Xを隣の部署に異動する予定であるが、3ヵ月の休みをとる
ならば上記異動の話は白紙に戻さざるを得ず、Y₂の下で仕事を続けることに
なること、この点について5日以内に異動ができるかどうかの返答をするよう
に告げたことを認定しました。このY₂の言動は、「本件診断書を見ることによ
り、Y₂の部下であるXがうつ病に罹患したことを認識したにもかかわらず、

Xの休職の申し出を阻害する結果を生じさせるものであってXの上司の立場にある者として、部下であるXの心身に対する配慮を欠く言動として不法行為を構成するものといわざるを得ない」としました。

　一方、Y₃については、コンプライアンス室長として適切な調査等を行い、Xに対してY₂の言動に問題があったことを認めたうえで、Y₁における内部基準に照らせば、Y₂の行為がパワーハラスメントに当たらないことを説明したことが認められるとして、「Y₃において、Y₂の行為がパワーハラスメントに該当しないことが所与のものであるかの態度を取り続け、本件自体のもみ消しを図ったと認められるものではな」いとしてXの主張を退けました。

　Y₁については、Y₂の使用者であるA社に使用者責任が成立し、グループ再編によってその責任を承継すると認めました。

　Xの損害額については、治療費、休業損害及び慰謝料等合計約887万円を認定したうえで、Xが以前にもうつ病の症状で治療を受けて服薬していた既往歴があったことが、本件でうつ病による治療期間が5年以上の長期にわたったことに寄与した点も大きいと認め、4割相当額である約354万円を素因減額しました（民法722条2項類推）。

$Q4$　判決が与える影響はどうでしょうか

　上司の言動が業務上適切な注意指導に当たるのか、不法行為を構成するいわゆるパワーハラスメントに該当するかが争われることは頻繁に起き得ることです。本件のように威圧に該当したり名誉感情を害したりする言動は、上司の部下に対する言動として相当ではありません。

　さらに、部下が提出した診断書に対し、適切に取り扱わず、いわばこれを「棚上げ」にするような行動はパワーハラスメントに該当するばかりか、極めて危険な行動です。企業としては上司に対する研修の徹底等を行うべきです。なお、本件では、うつ病の既往歴があったことで4割という素因減額が行われたことも注目されます。

判決要旨

「しかしながら、『新入社員以下だ。もう任せられない。』というような発言は原告に対して屈辱を与え心理的負担を過度に加える行為であり、『何で分からない。おまえは馬鹿』というような言動は原告の名誉感情をいたずらに害する行為であるといえることからすると、これらの被告Y₂の言動は、原告に対する注意又は指導のための言動として許容される限度を超え、相当性を欠くものであったと評価せざるを得ないというべきであるから、原告に対する不法行為を構成するものと認められる。」

「被告Y₂の上記言動は、本件診断書を見ることにより、被告Y₂の部下である原告が鬱病に罹患したことを認識したにもかかわらず、原告の休職の申出を阻害する結果を生じさせるものであって、原告の上司の立場にある者として、部下である原告の心身に対する配慮を欠く言動として不法行為を構成するものといわざるを得ない。」

「そして、（中略）の認定事実によれば、被告Y₂の原告に対する（中略）の不法行為によって、原告が鬱病を発症し、また鬱病からの回復のために速やかに休職等を取る機会を奪ったものということができ、このような被告Y₂の行為は、原告の鬱病の発症及び進行に影響を与えた違法なものといわざるを得ず、被告Y₂は、原告の鬱病の発症及び進行に対して不法行為責任を負うことになる。」

広島中央保健生協（C生協病院）事件

———————————————— 平26・10・23　最一小判

妊娠出産での軽易業務転換で副主任からの降格は不利益取扱いで原則均等法違反

　　妊娠出産を契機に軽易業務への転換を求めたことで副主任の地位から一般職に変更された女性労働者が、育児休業後も副主任への復帰が認められなかったことから、男女雇用機会均等法に反する債務不履行または不法行為として損害賠償を求めた事件です。1、2審とも原告の請求を棄却しましたが、本件では原判決を破棄し、高裁に差し戻しました。

◇｡□｡◇□｡◇｡□｡◇□｡

Q1　どんな事件ですか

　Y生協（被告、被控訴人、被上告人）に理学療法士として勤務していたX（原告、控訴人、上告人）が副主任の職位にあった当時に、妊娠したため軽易な業務への転換（労働基準法65条3項）を希望したところ、軽易業務への転換をするに当たって副主任から一般職に変更となり、さらには育児休業後に職場復帰する際にも副主任になれなかったことから、Yに対して副主任から一般職に変更した措置が男女雇用機会均等法9条3項に違反して無効なものであるなどと主張して、副主任に支払われていた管理職手当の支払い及び債務不履行または不法行為に基づく損害賠償を求めた事件です。

第1、2審では、軽易業務に転換する際に副主任から一般職に変更したことについてはXが同意していたと認めてYの均等法違反を否定しました。また、育児休業から復帰時に副主任とならなかったことについても復帰先にすでに管理職がいたことなどを考慮してXを副主任にする必要がなかったと認め、Yにおいてその人事配置の裁量権の範囲で行われたもので均等法や育児介護休業法に違反するものではなく、人事権の濫用にも当たらないとしてXの請求をすべて棄却していました。Xがこれを不服として上告したのが本件です。

Q2　何が争点となったのでしょうか

Xが妊娠中の軽易業務への転換を求めた際に副主任を免じた措置（以下、「本件措置」といいます）が均等法9条3項に禁止する不利益取り扱いに当たるか否かです。上告審においては育児休業から復帰する際に副主任ではなく一般職のままとされたことについての判断は行われませんでした。

Q3　判決の具体的な内容はどうだったのですか

均等法9条3項について、均等法1条の目的と同法2条の基本的理念を実現するためにこれに反する事業主による措置を禁止する強行規定として設けられたものと解するのが相当であり、女性労働者について、妊娠、出産、産前休業の請求、産後休業または軽易業務への転換等を理由として解雇その他不利益な取り扱いをすることは、同項に違反するものとして違法であり、無効であるというべきであると述べました。そのうえで、降格について、一般に労働者に不利な影響をもたらす処遇であり、均等法9条3項の規定が設けられた趣旨及び目的に照らせば、女性労働者につき妊娠中の軽易業務への転換を契機として降格させる事業主の措置は、原則として同項の禁止する取り扱いに当たるものと解されるとしました。さらに、例外として降格が禁止されない場合を、①「当該労働者が軽易業務への転換及び上記措置により受ける有利な影響並びに上記措置により受ける不利益な影響の内容や程度、上記措置に係る事業主による説明の内容その他の経緯や当該労働者の意向等に照らして、当該労働者につき自由な意思に基づいて降格を承諾したものと認めるに足りる合理的な理由が客観的に存在するとき」、または②「事業主において当該労働者につき降格の措置を

執ることなく軽易業務への転換をさせることに円滑な業務運営や人員の適正配置の確保などの業務上の必要性から支障がある場合であって、その業務上の必要性の内容や程度及び上記の有利又は不利な影響の内容や程度に照らして、上記措置につき同項の趣旨及び目的に実質的に反しないものと認められる特段の事情が存在するとき」のいずれかに限定しました。

　そのうえで本件措置について、第1、2審ではXが同意していたと認めましたが、本判決では「Xが軽易業務への転換及び本件措置により受けた有利な影響の内容や程度は明らかでない一方で、Xが本件措置により受けた不利な影響の内容や程度は管理職の地位と手当等の喪失という重大なものである上、本件措置による降格は、軽易業務への転換期間の経過後も副主任への復帰を予定していないものといわざるを得ず、Xの意向に反するものであったというべきである」（中略）「Xにおいて、本件措置による影響につき事業主から適切な説明を受けて十分に理解した上でその諾否を決定し得たものとはいえず、Xにつき自由な意思に基づいて降格を承諾したものと認めるに足りる合理的な理由が客観的に存在するということはできないというべきである」と判断しました。さらに、本件措置について前記②にいう特段の事情の存在が認められるか否かについてさらに審理を尽くす必要があるとして、原判決を破棄して高裁に差し戻すこととしました。

　なお、櫻井龍子裁判官が審理の対象とならなかった育児休業から復帰後の配置等についての補足意見を述べています。

$Q4$　判決が与える影響はどうでしょうか

　いわゆるマタニティハラスメントに関する最高裁判決ということで、話題となった事件です。妊娠中の女性労働者をその請求に基づいて軽易業務への転換させるに際して、降格と認められる措置をあわせて行うことが、原則として均等法9条3項に反することになり、その例外については極めて厳格に判断されることに注意が必要です。

判決要旨

　「一般に降格は労働者に不利な影響をもたらす処遇であるところ、上記のような均等法1条及び2条の規定する同法の目的及び基本的理念やこれらに基づいて同法9条3項の規制が設けられた趣旨及び目的に照らせば、女性労働者につき妊娠中の軽易業務への転換を契機として降格させる事業主の措置は、原則として同項の禁止する取扱いに当たるものと解されるが、当該労働者が軽易業務への転換及び上記措置により受ける有利な影響並びに上記措置により受ける不利な影響の内容や程度、上記措置に係る事業主による説明の内容その他の経緯や当該労働者の意向等に照らして、当該労働者につき自由な意思に基づいて降格を承諾したものと認めるに足りる合理的な理由が客観的に存在するとき、又は事業主において当該労働者につき降格の措置を執ることなく軽易業務への転換をさせることに円滑な業務運営や人員の適正配置の確保などの業務上の必要性から支障がある場合であって、その業務上の必要性の内容や程度及び上記の有利又は不利な影響の内容や程度に照らして、上記措置につき同項の趣旨及び目的に実質的に反しないものと認められる特段の事情が存在するときは、同項の禁止する取扱いに当たらないものと解するのが相当である。」

海遊館事件

平27・2・26　最一小判

セクシュアルハラスメントにおいて被害者が抗議、抵抗を示さなかったことを有利にしんしゃくすることは相当でない

管理職の地位にあった者2人がそれぞれに派遣労働者であった女性に性的な発言を繰り返したことがセクシュアルハラスメントとして懲戒処分、降格されたことを権利の濫用として訴えた事件。1審判決はこれを認めませんでしたが、2審は被害者が拒否の姿勢を示さなかったとして権利の濫用を認めました。本件、最高裁は拒否の姿勢を示さなかったことを有利に斟酌するのは相当でないとしてこれを取り消しました。

◇□。◇□。◇□。◇□。

Q1 どんな事件ですか

水族館の運営等を行うY社（被告、被控訴人、上告人）の職員であるX₁（原告、控訴人、被上告人）とX₂（前同）は、職場の女性従業員Aに対して、平成22年11月ころから同23年12月までの間に、X₁は営業部サービスチームの責任者の立場でありながら、自らの不貞相手に対する性的な事柄や自らの性器、性欲等についてことさらに具体的な話をするなど、極めて露骨で卑猥な発言を繰り返し、X₂は上司から女性従業員に対する言動に気をつけるように注意さ

れていたにもかかわらず、Aの年齢や結婚していないことなどをことさらに取り上げて著しく侮蔑的ないし下品な言辞で侮辱または困惑させる発言を繰り返し、派遣社員であるAの給与が少なく夜の副業が必要であるなどと揶揄する発言をしていました（以下、これらの言動を本件各行為といいます）。YはX₁、X₂の本件各行為がセクハラ禁止行為に該当し、就業規則に定める「会社の秩序又は職場規律を乱すこと」に当たるとして、X₁については30日間の出勤を停止する懲戒処分、X₂については10日間の出勤を停止する懲戒処分をしました。さらに、Yは上記の懲戒処分を受けたことを理由にX₁の等級を１等級降格して、職場の異動に合わせてマネージャーから係長に異動しました。X₂については同じく１等級降格して、職場を異動しました。

この懲戒処分と降格を受けたことについてX₁、X₂が処分の無効を主張して提訴しました。１審ではYの行った懲戒処分と降格はいずれも有効としましたが、２審では、X₁、X₂がAから明確な拒否の姿勢を示されていず、本件各行為も同人から許されていると誤信していたこと、X₁、X₂が懲戒を受ける前にセクハラに対する懲戒に関するYの具体的な方針を認識する機会がなかったこと、本件各行為についてYから事前に警告や注意等を受けていなかったことを理由として、出勤停止処分は重すぎる処分であり無効であると判断し、降格についてもまた無効としました。この判断に対してYが上告しました。

Q2 何が争点となったのでしょうか

本件各行為に対する懲戒処分の有効性とあわせて行われた降格の有効性です。本件各行為が行われたことには争いがありませんので、セクハラ行為に対する懲戒処分の在り方が争点になりました。

Q3 判決の具体的な内容はどうだったのですか

判決では、Yが職場におけるセクハラの防止を重要課題と位置づけ、セクハラ防止のための取り組みを種々行っていたこと、X₁、X₂はセクハラ防止の研修を受けていただけでなく、管理職としてYの方針や取組みを十分に理解し、セクハラの防止のために部下職員を指導すべき立場にあったにもかかわらず、派遣労働者等の立場にある女性従業員らに対して、職場で１年余にわたって数

回のセクハラ行為等を繰り返していたことを、その職責や立場に照らして著しく不適切なものであると判断されました。Aが退職を余儀なくされたことについては、Xらの「極めて不適切なセクハラ行為等がYの企業秩序や職場規律に及ぼした有害な影響は看過しがたいものというべきである」としました。

　そのうえで、原審がXらに有利な事情として斟酌した点については、「職場におけるセクハラ行為については、被害者が内心でこれに著しい不快感や嫌悪感等を抱きながらも、職場の人間関係の悪化等を懸念して、加害者に対する抗議や抵抗ないし会社に対する被害の申告を差し控えたりちゅうちょしたりすることが少なくないと考えられること」や「本件各行為の内容等に照らせば、仮に上記のような事情があったとしても、そのことをもってXらに有利にしんしゃくすることは相当ではないというべきである」と判断しました。さらに、Yの管理職であるXらが、セクハラの防止やこれに対する懲戒等に関するXの方針や取組みを当然に認識すべきであったといえることに加えて、Xらのセクハラ行為が第三者のいない状況で行われていたことなどから、YがXらに対して具体的に警告や注意等を行い得る機会があったとはうかがわれないことから、懲戒を受ける前の経緯もXらに有利にしんしゃくし得る事情はないとしました。

　結論として、第2審の判決は破棄されて、Xらの請求は棄却されました。

Q4　判決が与える影響はどうでしょうか

　セクハラ行為に対する懲戒処分が争われた最初の最高裁判決です。セクハラ行為者が被害者から明白な拒否の姿勢を示されず、そのセクハラ行為を受入れられているように誤信していたとしても懲戒処分を行うに当たり加害者に有利な事情とはならないことを明確にしたことは重要です。セクハラ行為はその性質上、明示されていなくても相手の意思に反することは明らかであり、加害者のいわば独善的な解釈を許すものではありません。また、管理職であれば、職場のセクハラを防止すべき立場であり、個別の指導を待つまでもなく、自ら職場秩序と規律を維持する行為をすべきで、これに反する行動に対しては厳重な懲戒処分を受けることになります。

判決要旨

　「職場におけるセクハラ行為については、被害者が内心でこれに著しい不快感や嫌悪感等を抱きながらも、職場の人間関係の悪化等を懸念して、加害者に対する抗議や抵抗ないし会社に対する被害の申告を差し控えたりちゅうちょしたりすることが少なくないと考えられることや、（中略）本件各行為の内容等に照らせば、仮に上記のような事情があったとしても、そのことをもって被上告人らに有利にしんしゃくすることは相当ではないというべきである。」

KPIソリューション事件

平27・6・2　東京地判

経歴詐称の程度が著しく解雇は正当で、賃金の増額を求めて引き上げさせた分は損害賠償の対象に

経歴書に職歴の虚偽の記載があったことや日本語の能力がレベルに達していないこと、社外の研究資料を無断で転用したことを理由として解雇された労働者が、労働契約上の地位確認と賃金の支払いなどを求めて訴えた事件。会社側は経歴詐称が詐欺に当たるとして賃金支払い分などを損害賠償として請求しました。判決は解雇を正当と認める一方、経歴詐称を詐欺と認め、賃金の増額を求めた部分について損害賠償を認めました。

◇ｎ。◇ｎ。◇ｎ。◇ｎ。

Q1 どんな事件ですか

　WEBマーケティングのサービスを提供しているY会社（被告、反訴原告）に平成25年12月から稼働していたX（原告、反訴被告）は、経歴能力の詐称等を理由として平成26年4月25日限りで解雇されました（以下、「本件解雇」といいます）。Xは、本件解雇は解雇権の濫用として無効であると主張して、Yに対して労働契約上の地位の確認と平成25年3月26日から同年4月15日までの期間の未払い賃金及び解雇後3ヵ月分の賃金とこれらに対する遅延損害金の支払いを求めてYを提訴しました。YはXが職歴、システムエンジニアとしての能力及

び日本語の能力を詐称してＹを欺罔しＹを誤解させて雇用契約を締結させたものであり、詐欺に当たるとしてＸに対して支払った賃金合計230万4,885円、Ｘに代わって業務を行う者の派遣を受けて支払った2ヵ月分の派遣料合計とＸの2ヵ月分の賃金との差額124万2,825円の損害を受けたと主張として、不法行為による損害賠償として前記の合計金354万7,710円とこれに対する遅延損害金の支払いを求めて反訴しました。

$Q2$　何が争点となったのでしょうか

　本訴事件では本件解雇の有効性で本件解雇が解雇権の濫用か否か、反訴事件では詐欺の成否及びＹの損害です。両事件に共通する争点はＸに職歴や業務や日本語の能力詐称が認められるか、ＸとＹの雇用契約の締結がＸの詐欺によるものといえるか、及びＸの勤務態度等が社員として不適格と認められるかです。

$Q3$　判決の具体的な内容はどうだったのですか

　判決ではＸがＹに採用される際に提出した経歴書には職歴に虚偽の記載があったこと、Ｘの職務能力や日本語能力はＸが主張するレベルにあるとは認められないこと、Ｘが社外研究資料を無断転用して提出したことなどＹが主張するＸの解雇理由を構成する事実を認定しました。そのうえで、「企業において、使用者は、労働者を雇用して、個々の労働者の能力を適切に配置した上で、業務上の目標達成を図るところ、この労使関係は、相互の信頼関係を基礎とする継続的契約関係であるから、使用者は、労働者の評価に直接関わる事項や企業秩序の維持に関係する事項について必要かつ合理的な範囲で申告を求め、或いは事実を確認することが認められ、これに対し、労働者は、使用者による全人格的判断の一資料である自己の経歴等について虚偽の事実を述べたり、真実を秘匿してその判断を誤らせることがないように留意すべき信義則上の義務を負うと解するのが相当である」と述べ、解雇の判断においては「労働者による経歴等の詐称は、かかる信義則上の義務に反する行為であるといえるが、経歴等の詐称が解雇事由として認められるか否かについては、使用者が当該労働者のどのような経歴等を採用に当たり重視したのか、また、これと対応して、詐称

された経歴等の内容、詐称の程度及びその詐称による企業秩序への危険の程度等を総合的に判断する必要がある」としました。本件解雇については、「Xは、Yとの雇用関係において重要な職歴、職業上の能力及び日本語の能力を詐称してYに本件雇用契約を締結させ、その結果、YはXに業務を任せることができず、業務を他の従業員に委ねたり、別の開発者の派遣を受けたりして対応せざるを得なくなったのであり、このほかに、Xが外部研究資料の無断転用（論文の盗用）を行って報告書を作成、提出するという重大問題を起こしていること、このことも含めて、さまざまな事柄について指摘、指導等を受けても容易に問題点が改まらず、かえって逆ギレや開き直りの態度すら見せていたことなど、一連の事実経過を踏まえると、Xについては就業規則19条1号（業務能力が著しく劣ると判断される、または業務成績が著しく不良のとき）及び同条3号（社員の就業状況が著しく不良で就業に適さないと認めたとき）所定の解雇事由が認められる」と判断しました。

　Yの損害賠償請求については、労働者が採用時に経歴詐称を行ったことについては、懲戒や解雇することがあり得るが、こういった労働者の言動が直ちに使用者に対する不法行為を構成し、当該労働者に支払われた賃金がすべて不法行為と相当因果関係のある損害になるものと解するのは相当ではないとしました。しかし、労働者が、「より積極的に当該申告を前提に賃金の上乗せを求めたり何らかの支出を働きかけるなどした場合に、これが詐欺という違法な権利侵害として不法行為を構成するにいたり、上乗せした賃金等が不法行為と相当因果関係のある損害になるものと解するのが相当である」としました。XはYから提示を受けた賃金月額40万円を増額するように繰り返し求めてYに月額60万円まで賃金を増額させたことから、増額分の賃金月額20万円が不法行為と相当因果関係にある損害になるものと解するのが相当として、74万8,600円とそれに対する遅延損害金の限度で損害賠償を認めました。

$Q4$　判決が与える影響はどうでしょうか

　転職、中途採用が増加すると採用時の経歴の確認が重要になります。経歴詐称による解雇を認めたことに加えて、詐称した経歴を信用して増額に応じた賃金を不法行為による損害と認めたことが注目されます。

判決要旨

　「被告が派遣会社から開発者の派遣を受け、派遣料を支払ったことについては、原告がそのようにはたらきかけたわけではないので、ここで派遣料を不法行為と相当因果関係のある損害として認めることはできない。」

　「原告は、被告には原告の職歴、システムエンジニアとしての能力等を確認する機会が十分にあった旨主張するが、本件面接の際の原告の発言内容や、その後、職歴を確認されそうになった原告がこれをはぐらかしたこと、被告は様々な事柄について指摘、指導をしたのに対し、原告がこれに真摯に対応しようとせず、問題点が定まらなかったことなど、一連の事実経過に鑑みると、本件において過失相殺をするのは、公平の見地に照らし、相当でない。」

専修大学事件

労災保険による療養補償給付を受ける労働者であっても打切補償により解雇制限解除される

業務上の疾病で休業している労働者に打切補償を支払って解雇したことに対して、労働者が労働基準法の解雇制限に抵触するとして解雇の無効を求めた事件です。1審、2審とも訴えを認めましたが、本件で最高裁は労災保険の療養補償を受ける労働者であっても打切補償によって解雇制限は解除されると示しました。

◇。。◇。。◇。。◇。。

Q1　どんな事件ですか

業務上の疾病により休業して労災保険法に基づく療養補償給付と休業補償給付を受けているX（原告、被控訴人、被上告人）が、雇主であるY大学（被告、控訴人、上告人）から打切り補償として平均賃金の1,200日分相当額の支払いを受けたうえで解雇されたことについて、労災保険により給付を受けているXは労基法81条に定める同法75条の規定によって災害補償を受けている労働者には該当しないので、同法19条1項但し書きの解雇制限の例外には該当するものではなく、労災休業中の解雇に当たり同項に反して無効であるなどと主張して、Yに対して労働契約上の地位確認等を求めた事件の上告審判決です。

　本件では第１審、第２審とも、労基法81条が同法75条によって補償を受ける労働者が療養開始後３年を経過しても負傷または疾病が治らない場合において打切り補償を行うことができると定めているものの、労災保険法に基づく療養補償給付及び休業補償給付を受けている労働者については何らの規定もないことから、労基法の文言解釈により、労災保険法に基づく療養補償給付と休業補償給付を受けている労働者が労基法81条にいう同法75条の規定によって補償を受ける有働者に該当すると認めることは困難であるとして、Ｘの請求を認めました。この判決に対してＹが上告したものです。

Q2　何が争点となったのでしょうか

　労基法に基づく災害補償給付と労災保険法に基づく労災保険制度の関係です。また、打切り補償による解雇の私法上の効力の判断方法についても判示されました。

Q3　判決の具体的な内容はどうだったのですか

　判決では、労災保険法が業務上の疾病などの業務災害に対し迅速かつ公正な保護をするための労災保険制度の創設等を目的として業務上の疾病などに対する使用者の補償義務を定める労基法と同日に公布・施行されていることを挙げて、両制度の関係について、労災保険制度における各保険給付は労基法上使用者が災害補償を行うべきとされている事由が生じた場合に行われる旨を規定し、労災保険に基づいて各保険給付が行われた場合は、使用者がその給付の範囲内で災害補償の義務を免れることを指摘しました。そのうえで、このような「労災保険法の制定の目的並びに業務災害にかかる労働基準法および労災保険法の規定の内容等に鑑みると、業務災害に関する労災保険制度は、労働基準法により使用者が負う災害補償義務の存在を前提として、その補償負担の緩和を図りつつ被災した労働者の迅速かつ公正な保護を確保するため、使用者による災害補償に代わる保険給付を行う制度であるということができ、このような労災保険法に基づく保険給付の実質は、使用者の労働基準法上の災害補償義務を政府が保険給付の形式で行うものであると解するのが相当である」と判断しました。このような判断に基づき、労基法81条の打切り補償の制度についても、

使用者の義務とされている災害補償はこれに替わるものとしての労災保険法に基づく労災給付が行われている場合にはそれによって実質的に行われているものといえるとして、労基法19条１項但し書きの適用の有無についても、労災保険給付が行われている場合に区別するべきものとはいい難いと判断しました。また、労災保険給付がなされている場合は、打切り補償として相当額の支払いがされた後も、傷害または疾病が治るまでの間は労働者は労災保険法に基づいて必要な療養給付がなされることなども労働者の利益を欠くことにはならない理由として挙げられました。

　このように、判決では労災保険法に基づく療養補償給付や休業補償給付が行われている場合でも、労基法81条に基づく打切り給付を支払った場合には、同法19条１項但し書きの適用が認められ、解雇制限が外れて解雇手続きが可能となることを認めましたが、解雇の効力については、なお労働契約法16条該当性の有無について審理を尽くす必要があるとして審理を高裁に差し戻す判決となりました。すなわち、平均賃金の1,200日分の打切り補償を行ったこと自体では解雇の有効性が認められるのではなく、個別の解雇の意思表示について解雇権濫用の有無が争われることが明らかになりました。

　結論として、第２審の判決は破棄されて、高裁に差し戻されました。

$Q4$　判決が与える影響はどうでしょうか

　労災保険の適用を受けて傷害または疾病による療養補償給付及び休業補償給付を３年以上の長期に受ける労働者が存在する場合に打切り補償による解雇手続きに入ることができることを明らかにしたことにより、例えば業務上の疾病と認められた精神障害が長期化している従業員に対して解雇を検討することが可能になりました。しかし、平均賃金1,200日分という高額の打切り補償をしたことで解雇が有効と判断されるものではないこともあわせて明らかになりましたので、打切り補償解雇の場合でも解雇が客観的で合理的で社会的に相当な理由を有しているかが個別に判断されることになります。長期間に及ぶ就労不能は解雇を有効と判断する事由になり得ますが、療養中の対応などにさらに注意が必要です。

判決要旨

　「労災保険法12条の8第1項1号の療養補償給付を受ける労働者が、療養開始3年を経過しても疾病等が治らない場合には、労働基準法75条による療養補償を受ける労働者が上記の状況にある場合と同様に、使用者は、当該労働者につき、同法81条の規程による打切補償の支払いをすることにより、解雇制限の除外事由を定める同法19条1項ただし書の適用を受けることができるものと解するのが相当である。」

野村證券元従業員事件

平28・3・31　東京地判

退職後1年8ヵ月後のグループ会社への転職でも同業他社に該当し、退職加算金の返還義務有効

同業他社に転職しないことを要件とした退職加算金制度を利用した元社員が、退職後1年8ヵ月後に同じグループ会社の同業他社に転職したことを理由に、会社が退職加算金の返還を求めた事件。判決は、退職後1年8ヵ月であったことや同じグループ会社で短期の雇用であったことは認めたものの、転職自体を禁止したものではなく、権利の濫用とは認められないとして会社の請求を認めました。

◇｡◇｡◇｡◇｡

Q1 どんな事件ですか

　原告会社Xが元従業員であった被告Yに対して、YがXを退職する際、同業他社に転職した場合は返還する旨の合意（以下、「本件返還合意」といいます）をして退職加算金を支給したが、Yが退職後に同業他社に転職したと主張して、本件返還合意に基づいて退職加算金相当額及びこれに対する催告の後の日である平成26年4月26日以降の年5分の民法所定の割合による遅延損害金の支払いを求めたものです。

Q2　何が争点となったのでしょうか

　Ｙが転職したＣ証券が本件返還合意の「同業他社」に当たるか（争点１）、本件返還合意は公序良俗に反して無効であるか（争点２）及び本件請求は権利濫用であるか（争点３）の３点です。

Q3　判決の具体的な内容はどうだったのですか

　争点１について、Ｃ証券は、Ｘと同じ金融証券取引業を営む証券会社であるから、本件返還合意の「同業他社」に当たると認めました。Ｃ証券はＸと同じグループに属し、Ｘの親会社がその株式を議決権比率で30.8％保有していることが認められますが、他方、ＸとＣ証券が業務提携をしているわけではなく、ＸとＣ証券とが営業上競合することもあると認めました。このような判定から、Ｃ証券が「同業他社」に当たることは覆らないとしました。

　争点２について、Ｙは本件返還合意がＹの退職後の職業選択の自由を制約するものであり、本件返還合意の有効性は、競業禁止の目的がＸの正当な利益の確保に向けられたものか否か、競業行為の禁止の内容が必要最小限にとどまり、かつ十分な代償措置がとられているか否かを考慮して判断する旨主張しました。しかし、判決では、本件返還合意が従業員からの申し込みによる退職優遇制度（以下、「本件制度」といいます）の中で支給される退職加算金に関するもので、これを利用するか否かは従業員の自由な判断にゆだねられているとしたうえで、「Ｘを退職しようとする従業員において、Ｘとの間で将来同業他社に転職した場合に退職加算金を返還する旨の合意（本件返還合意）をすることを望まないのであれば、本件制度を利用しなければよい」のであり、「本件においても、Ｙは、自ら本件制度の利用を申請したものであり、Ｙが本件制度の利用をＸに強制されたと解すべき事情は認められない」と述べました。

　さらに、「本件返還合意は、従業員に対して同業他社に転職しない義務を負わせるものではなく、従業員が同業他社に転職した場合の返還義務を定めるにとどまるものである」として、本件制度を利用して退職することがこれを利用せずに退職する場合よりも従業員に不利益になる事態を想定することはできないとしました。

　また、本件制度では通常の自己都合退職の場合に行われる退職慰労金の減額が行われないのであるから、退職加算金の支給を考慮しなくても通常の退職より従業員に有利であると認めました。

　したがって、本件返還合意が競業禁止の合意であるとして、その有効性について競業禁止の目的、内容、代償措置の有無等を検討して判断すべきである旨のYの主張は、採用されませんでした。本件返還合意が公序良俗に反するとは認められないとしました。

　争点3については、C証券がXと同じグループに属していること、YがC証券に転職したのがXを退職してから1年8か月を経過した後であったこと、C証券での就業した期間が短期間で、この間にYが得た収入が退職加算金額を大幅に下回る額であったこと、などの事実が認められましたが、本件返還合意はYが同業他社に転職すること自体を禁止するものではなく、Yは退職加算金の返還に応じてC証券での勤務を継続することが可能であったのであり、本件退職金の返還を行ったとしてもYは本件制度を利用せずに退職したのとおおむね同様の経済的地位に置かれることになるが、それ以上の不利益になるとは認められないことなどの諸事情を考慮して、本件請求が権利の濫用とは認められないとしました。結果として、Xの請求がすべて認容されました。

Q4　判決が与える影響はどうでしょうか

　早期退職制度において退職加算金を支給する目的として同業他社への転職を抑制しようとすることがあります。職業選択の自由を考慮すると転職自体は禁止することは困難ですが、退職加算金の返還を求めることは可能であることを明らかにしたのが本件です。

　退職加算金について、同業他社への転職の際には返還するという合意をつけることは、自己都合退職よりも不利益になるものではなく、転職社会に適合した制度であると考えられます。

判決要旨

「転職を理由として依願退職を申し出たが、本件制度の利用を申請しなかった者も20名以上に上っており、同業他社に転職するために本件制度を利用しない退職者も相当数に上ることが認められるほか、本件制度を利用して退職した後、同業他社への転職の事実が判明した事案が本件のほかに2件存在するが、いずれの事案でも退職加算金のほとんどが返還されていることが認められる。このとおり、本件制度は、同業他社に転職する場合には利用できないという建前に従った運用が行われており、ひとり被告にだけ制度の建前と異なる寛容な対応をすることには、本件制度の公平かつ適正な運用という観点から見て適切とはいい難い面があることが否定できない。」

「以上のとおり、本件制度は、退職加算金の受給に伴って本件返還合意をしなければならないことを考慮しても、原告を退職しようとする従業員にとって通常の退職よりも有利な選択肢であるということができるから、本件制度のうち本件返還合意だけを取り上げて、これが退職後の職業選択の自由を制約する競業禁止の合意であると評価することはできないというべきである。したがって、本件返還合意が競業禁止の合意であるとして、その有効性について競業禁止の目的、内容、代償措置の有無等を検討して判断すべきである旨の被告の主張は、その前提において失当であり、採用することができない。」

須磨学園事件

—— 平28・5・26　神戸地判

30年以上にわたり日本史の授業を担当していた教諭に教材研究の業務命令は違法無効

日本史の授業を担当していた教諭に授業から外れて教材研究の業務を命令したことや賞与の減額が違法だとして教諭が業務命令に従う義務のないことの確認、賞与の減額が不法行為であるとして損害賠償を求めた事件。判決は、業務命令は違法無効と認め、賞与の減額も不法行為として損害賠償を認めました。

◇□。◇□。◇□。◇□。

Q1　どんな事件ですか

　Y₁学校法人（被告）の設置する高等学校の教諭で日本史の授業を担当していたX（原告）が、①業務命令により授業の担当から外されて教材研究のみに従事させられていることについて、当該業務命令は違法無効であるとして労働契約に基づき日本史の授業を担当する権利を有する地位にあることの確認を求めるとともに、当該業務命令に従う義務がないことの確認を求め、②当該業務命令をはじめとして退職の強要行為やY₁の理事長Y₂（被告）及び学園長Y₃（被告）による差別発言により精神的損害を被ったとしてYらに対して不法行為に基づく損害賠償550万円、③期末手当を違法に減額されたとして労働契約

または不法行為に基づいて減額分合計78万1,001円と遅延損害金の支払いを求めた事件です。

$Q2$　何が争点となったのでしょうか

争点は、①教材研究命令の適法性・有効性、②業務命令とY_2らの発言による不法行為の成否、③期末手当の差額請求の当否です。

①について、Xは30年以上にわたり高等学校で日本史の授業を担当していたにもかかわらず、Y_1が正当な理由なくXに日本史の授業を担当させず、教材研究のみを行うことを業務命令したのは違法無効であり、就労の機会を求める原告の権利を侵害しているとして、労働契約に基づき日本史の授業を担当する権利を有する地位にあることの確認あるいは教材研究命令に従う義務はないことの確認を求めました。Y_1はXの体調不良や勤務成果の不良などの事情から教材研究命令を発したのであるから、この命令は適法・有効であると主張しました。

②について、XはY_1から違法無効な教材研究命令を受け、さらに正当な理由なく自宅待機を命じられたが、これは自主退職に追い込む不当な目的に基づく違法な業務命令であり、さらにXは弱視の視覚障害を有していましたが、Y_2、Y_3はこれについて侮辱し、精神的に虐待し、人格権を侵害する差別発言をしたと主張しました。これに対してYらはXに対する業務命令はいずれも正当な理由に基づくものだと主張し、Y_2らのXに対する発言は否認しました。

③について、XはY_1において過去30年以上にわたり毎年度年3回の期末手当の支給がされており、支給額は多少の増減はあったが極端な減額がなされたことがなかったにもかかわらず、平成24年12月から同26年3月に支給された期末手当は平成23年度の支給実績から著しく不当に減額されたのは不法行為であり、損害賠償として差額相当の損害賠償と遅延損害金の支払いを求めました。Y_1は期末手当の減額は正当な理由に基づくものだと反論しました。

$Q3$　判決の具体的な内容はどうだったのですか

教材研究命令が違法無効であると認め、Xがこれに従う義務はないことの確認、違法無効な業務命令と自宅待機命令及び退職強要に当たる行為が不法行為

であると認めてXに対しYらが連帯して110万円の損害賠償と遅延損害金の支払いをすること、期末手当の減額が不法行為に当たると認めてXに対しY₁が合計69万9,000円と遅延損害金の支払いをすることが命じられました。

　業務命令権の限界について、使用者は労働者に対して業務命令をもって指示・命令をすることが労働契約に基づいて認められるが、「業務命令が業務上の必要性を欠いていたり、目的との関係で合理性ないし相当性を欠いていたりするなど、社会通念上著しく合理性を欠く場合には、権利の濫用として違法無効になると解される」と判示し、その場合にはYの就業規則に基づいて業務命令が公正に行われていないということができ、これを労働者が拒むことに正当な理由があるということもできると判断しました。一連の経緯から教材研究命令は、業務上の必要性から行われたものではなく、自主的に退職してもらうための環境を整えるために行われたものであることが強く推認されるとして、「教材研究命令はそもそも業務上の必要性が認められないうえ、Xを自主退職に追い込むという不当な動機・目的の下に行われたものであり、社会通念上著しく合理性を欠いているといわざるを得ず、業務命令権を濫用したものとして違法無効である。したがって原告はこれに従う義務を負わない」と結論しました。

　また、退職勧奨について、「一連の経緯からみれば、教材研究命令、自宅待機命令を含めたこの間の被告Y₂らの言動は、退職勧奨として社会通念上相当と認められる範囲を超えるものであり、労働者であるXの自由な意思形成を不当に妨げるような態様で行われたものということができるから、不法行為を構成する」としました。そのうえで、慰謝料100万円と弁護士費用10万円の合計110万円を損害賠償額として認定しました。

　期末手当についても平成23年3月にはXに対する違法な退職勧奨が始まっており、それ以降の支給額はその影響を受けているとみざるを得ないとして、減額された合計69万9,000円を不法行為による損害賠償額と認定しました。

Q4 判決が与える影響はどうでしょうか

　退職勧奨の手段として違法・無効な業務命令がなされると、労働者はそれに従う義務がないことだけでなく、人格権を侵害する不法行為に該当すると認められ、慰謝料等の損害賠償請求の対象にもなります。退職勧奨自体は必ずしも

違法な行為ではありませんが、その手段方法を誤ることにより使用者には重大なリスクが生じることになります。

判決要旨

「使用者は労働者との労働契約を合意解約することができるから、労働者に対して退職を促すことは、合意解約の申入れ、その誘因、あるいは退職意思の形成に向けた準備行為であり、一方、労働者には退職に応じない自由がある。したがって退職勧奨をすることは一般には違法とならないが、合意解約は双方の自由な意思により行われなければならないから、退職勧奨をするにあたっての説得の手段や方法が社会通念上相当と認められる範囲を超え、労働者の自由な意思形成を不当に妨げるような態様でされた場合には、その人格権を侵害するものとして不法行為になりうるというべきである。」

「このような一連の経緯からみれば、教材研究命令、自宅待機命令を含めたこの間の被告Y₂らの言動は、退職勧奨の手段として社会通念上相当と認められる範囲を超えるものであり、労働者である原告の自由な意思形成を不当に妨げるような態様で行われたものといえるから、不法行為を構成する。」

学校法人Ｈ学園事件

平29・3・28　岡山地判

視覚障害を持つ大学教員に学務事務のみ担当させ授業をさせないことはパワハラで不法行為

　網膜色素変性症に罹患している教員が視覚障害のため補助を使って授業活動及び研究活動をしていましたが、授業内容が不十分であることや学級崩壊同様の状態が生じているとして学務事務のみ担当させるとされたことから、教員が職務変更命令に従う義務のないことと不法行為による損害賠償を請求した事件。判決は、この職務変更命令が原告に著しい不利益を与えるもので客観的に合理的と認められる理由を欠くとして、権利濫用で無効と判断。慰謝料110万円の支払いを学校側に命じました。

◇□。◇□。◇□。◇□。

Q1 どんな事件ですか

　平成11年３月に農学博士号を取得した原告は、平成11年９月から被告学校法人Ｈ学園の設置する短期大学（以下、「本件短大」といいます）に専任講師として勤務する旨の大学教員契約を締結し（以下、「本件教員契約」といいます）、本件短大の講師として採用され、平成19年４月１日には本件短大の専任准教授に任じられました。本件短大は幼児教育学科を設置する短期大学で、本件短大の学生は卒業と同時に保育士及び幼稚園教諭二種免許状の資格ないし免許を取

得することができます。原告に対するいずれの辞令にも科目の限定は付されていなかったものの、原告は本件短大の一般教養科目の生物及び専門教育科目の環境（保育内容）、教職実践演習、卒業研究、卒業予備研究等の科目を担当してきました。原告には、遺伝性疾患である網膜色素変性症（以下、「本件疾患」といいます）に罹患しており、本件疾患は、主に進行性夜盲、視野狭窄、羞明を認める病態のもので、原告は近年本件疾患の進行により文字の判読が困難となっていましたが、平成26年度以降は私費で補佐員を確保して、同人の視覚補助を得て授業活動及び研究活動に従事していました。

　被告は平成28年3月24日開催の新年度準備会議において同年度における授業計画及び事務分掌を正式に決定し、原告に対して授業は分担せず、学科事務のみを担当することとし（以下、「本件職務変更命令」といいます）、あわせて、原告に対し、原告が平成25年以降使用していた本件研究室を明け渡して、キャリア支援室に研究室を変更するよう指示しました（以下、「本件研究室変更命令」といいます）。

　原告は被告に対し、本件職務変更命令に従う義務のないこと、本件研究室変更命令に従う義務のないこと等の確認と、これらの業務命令が原告に対する退職強要に当たり違法なパワーハラスメントに該当するとして不法行為による慰謝料及び弁護士費用合計550万円の支払いを求めて提訴しました。

Q2　何が争点となったのでしょうか

　本件職務変更命令及び本件研究室変更命令の適法性、原告が本件研究室を使用する地位を有するか及び被告が本件職務変更命令等をしたことが原告に対する不法行為を構成するかです。

　原告は、本件職務変更命令は大学教員に対し精神的苦痛を与え、教員生命を奪うほどの著しい不利益を与えるものであり、原告を自主退職に追い込もうとする違法な退職勧奨の意図が含まれていることがうかがえるものであると主張しました。また、障害者差別解消法や障害者雇用促進法によって使用者に求められている合理的配慮を尽くすことの努力義務を尽くしておらず、原告の視覚障害を理由とする差別にほかならないものであると主張しました。

　一方、被告は、原告の授業内容が不十分であり、視覚障害などのために学生

に対する監督等ができず、「学級崩壊」同然の状態が生じており、学生から苦情が申し立てられるなどの事態が生じていたと主張し、原告に代わって原告が担当していた科目を指導する教員を採用して、原告には本来の業務の一部である学務事務のみを担当させることにしたもので正当な業務命令であり、本件研究室変更命令も合理的な理由があるもので、原告にはいずれの命令にも従う義務があると主張しました。

Q3　判決の具体的な内容はどうだったのですか

本件職務変更命令と本件研究室変更命令に従う義務のないことの確認と、不法行為に基づく慰謝料等の損害として110万円の支払いが認められました。判決では、原告が担当していた授業の状況を詳細に認定し、原告の授業には視覚補助者が存在した後にも問題があったことや被告が原告に代わる教員の採用を決定したことを認定しました。

しかしながら、「原告は平成11年９月、被告との間で本件教員契約を締結して本件短大の教員となった後、長年にわたり生物学、環境（保育内容）等の授業を担当し、平成19年には被告により本件短大の准教授に任じられたものであるから、これは、被告が原告につき准教授としての資質、能力があると判断したことの証佐である」と認定し、「被告が本件職務変更命令の必要性として指摘する点は、あったとしても被告が実施している授業内容改善のための各種取組み等による授業内容の改善や、補佐員による視覚補助により解決可能なものと考えられ、本件職務変更命令の必要性としては十分といえず、本件職務変更命令は、原告の研究発表の自由、教授・指導の機会を完全に奪うもので、しかも、それは平成28年度に限ったものではなく、以降、原告には永続的に授業を担当させないことを前提とするものであるから、直ちに具体的な法的権利、地位とまで認められないにせよ、原告が学生を教授、指導する本件利益を有することにかんがみると、原告に著しい不利益を与えるもので、客観的に合理的と認められる理由を欠くといわざるを得ない」として本件職務変更命令は権利濫用であり無効としました。また、本件研究室変更命令についても、本件職務変更命令と密接不可分な業務命令として、同様に権利濫用であり無効としました。

不法行為の成立については、本件職務変更命令等が退職強要を目的とするも

のであるとは認められないとしましたが、権利濫用で無効な命令により、授業を担当することができず、教員としてさらに学問的研究を深め、発展させることができず、原告の利益が侵害されたもので不法行為を構成し、その慰謝料としては110万円が相当であると認めました。

Q4 判決が与える影響はどうでしょうか

　原告の視覚障害を伴う疾病の影響については、視覚補助者を活用することにより改善ができると認定されました。障害を有する労働者の能力等を補完する方法が存在している場合に、従来の職務内容を完全に変更して職務遂行を否定することが業務命令として権利濫用に当たる可能性があることに注意する必要があります。

判決要旨

　「原告が本件短大で教授・指導することは、原告が更に学問的研究を深め、発展させるための重要な要素といえるから、原告が、本件短大において環境等の自己の専門分野等につき学生を教授、指導する利益（以下「本件利益」という。）を有することは否定できない。」

サニックス事件

―――――――――――――――― 平30・2・22　広島地福山支判

新人研修における歩行訓練で負傷・障害、医師の診断認めず安全配慮義務違反

　新人研修の歩行訓練で負傷し、障害が残った48歳で入社した原告が、会社に対して安全配慮義務違反による不法行為に基づき損害賠償を求めた事件。予備的に安全配慮義務違反としての債務不履行による損害賠償を請求したもの。判決は、研修が体力差や経験を全く配慮しない点で安全配慮義務違反と認め債務不履行の損害賠償を命じました。ただし、不法行為は認めませんでした。

Q1　どんな事件ですか_____

　X（原告）がY（被告）に48歳で入社して新人研修を受け、研修カリキュラムの1つである24kmの歩行訓練（以下、この歩行訓練を「スピリッツ」と称します）を受けた際に、右足及び左足を負傷したとして、主位的にはYの安全配慮義務違反が過失を構成するとして不法行為に基づき、損害賠償（弁護士費用を含む）とスピリッツの日（平成25年8月27日）から支払い済みまでの民法所定年5分の割合による遅延損害金、予備的にはYの安全配慮義務違反が債務不履行を構成するとして、損害賠償とYに対して請求した日の翌日（平成27年4

月1日）から支払済みまで民法所定年5分の割合による遅延損害金の支払いを請求した事件です。

Q2　何が争点となったのでしょうか

　Xはスピリッツのための平成25年8月21日、23日、25日の3回の歩行訓練の際から足の痛みを訴え、スピリッツ終了後の同月31日から病院を受診し、スピリッツを完歩したことにより加療2週間を要する右足関節挫傷、両側膝関節挫傷の障害を負ったと診断され、3ヵ所の病院での治療を経て平成26年7月31日に症状固定となりました。Xは平成26年10月、福山労働基準監督署長により右足関節の機能障害について後遺障害等級10級10号、同年11月、左下肢の神経障害は後遺障害等級12級12号に該当すると認定されました。

　民事損害賠償を求めた本件訴訟では、Xの負傷とスピリッツで完歩したことに相当因果関係が存在するか、Xの後遺障害とスピリッツで完歩したことに相当因果関係が存在するか及び損害額が争点になり、また、Yの安全配慮義務違反により不法行為責任が認められるかが判断されました。

Q3　判決の具体的な内容はどうだったのですか

　Yは新人研修中、参加した従業員に対して毎日朝食前と夕食前に、血圧、脈拍、体温を自分で測定し、自覚症状を健康状態チェック表に記入して講師に提出させ、研修センターでは湿布薬などを準備して本人から求めがあれば提供していました。Xは健康状態チェック表に歩行訓練の後に継続して膝、足首の痛みを記載して提出していました。また、毎日提出する新人研修生業務日報でも歩行訓練が困難であることを記載していましたが、講師からは歩行訓練を継続すること、スピリッツでは足が痛くなると思うが、他の研修生と協力して完歩してくださいと記載されていました。実際に、Xはスピリッツの完歩ができたものの、足の痛みと暑さから他の研修生から大幅に遅れてようやく完歩できた状態でした。

　Yの新人研修センターにおいては盗難防止のため各自の所持金や携帯電話などを会社側が預かり、自由な外出や医療機関への受診も困難な状態でした。Xはスピリッツが行われた第1次研修が終了後に病院を受診し、長距離歩行をし

たことで足を痛めたことを訴え、右足関節挫傷、両側膝関節挫傷との診断を受けました。その後、XはYが実施する第2次研修に参加しましたが、第2次研修に予定されていた登山には医師の判断で参加せず、YもXの不参加を認めました。

このような経過から、YはXが右足関節挫傷については歩行訓練中に足を痛めたにもかかわらずスピリッツに参加したことが原因となったことは認めていること、Xが労災認定を受けていることなどから、Xの負傷とスピリッツで完歩したこととの相当因果関係を認め、Xの後遺障害とスピリッツで完歩したこととの間の相当因果関係も認められると判断しました。

Yの安全配慮義務違反については、健康状態チェック表や業務日報の記載からあまり無理をしないように講師が述べていることが認められ、「Yが参加者の体調等に配慮していなかったわけではない」としましたが、「Yは、研修参加者の外出を禁止しており、参加者が自己の意思で医療機関を受診する機会を奪っているにもかかわらず、（中略）、Y側から医療機関を受診させることに積極的ではない。スピリッツは参加者全員が完歩することを目的としており、参加者の年齢が幅広く、体力にも大きな差があるにもかかわらず、個人差や運動経験の有無等に全く配慮していない点で、無理があるプログラムである」と判断しました。

「そして、Xが歩行訓練中に転倒して右足関節を痛め、歩行訓練の中断や病院受診を求めても、これを拒絶して歩行訓練を継続し、スピリッツに参加させたことが、Xの現在の症状の原因となっていること等に照らすと、Yには債務不履行の原因となる安全配慮義務違反が存在したと認められる」としました。

一方で、「Yが参加者の安全について一定の配慮をしていることに照らすと、不法行為の原因となる過失があったということはできない」としました。

Q4　判決が与える影響はどうでしょうか

研修参加者の負傷について、使用者の責任を広く認めたものです。研修のプログラムを検討するに際しては参加者の状況に配慮して行う必要があること、変化を訴える参加者がいた場合は、直ちに医療機関の受診をすすめることが必要であること等が明らかになりました。一方で、安全配慮義務違反が認められ

た場合で、不法行為責任までは負わない事例として参考になります。

「原告の足関節、膝関節には、軽度の変形性関節症が認められるが、軽度であり、被告の研修に参加する前には原告には何も症状がなかったこと、軽度の変形性関節症が原告の治療の長期化とどのように影響したか不明であること等に照らすと、素因減額を要するほどの素因に該当するとはいえない。

なお、原告は、肥満体であることが認められ、体重が重いために膝関節、足関節にかかる負荷が大きくなって原告の傷害の悪化、長期化に影響したことが予想されるが、病的肥満といえる程度には達していない。

したがって、原告の肥満は病的ではないから、素因には該当せず、素因減額を検討することはできない。」

セブン‐イレブン・ジャパン（中労委）事件

———————————————— 平31・2・6　中労委命令

加盟者は営業日、営業時間を自由に選択できないが独立した事業者としての性格失っていないので労働者ではない

コンビニエンスストアのフランチャイズ契約をしている加盟者が労働組合を結成し、団体交渉を要求したのに対し、運営会社側が拒否したため、組合が不当労働行為の救済申立てを行って認められたものの、運営会社側が地方労働委員会の命令の取消しを求めた事件。中央労働委員会は、加盟者側が営業日、営業時間など裁量が制限されているが独立性を失っていないとして労働者性を認めず、地労委の命令を取り消し、申立てを棄却しました。

Q1　どんな事件ですか

　全国においてコンビニエンスストアのフランチャイズ・チェーンを運営しているY社（再審査申立人）との間で、加盟店基本契約（以下、「本件フランチャイズ契約」といいます）を締結して、セブン‐イレブンの店舗（以下、「加盟店」といいます）を経営する加盟者（以下、「加盟者」といいます）らが加入するX組合（再審査被申立人）が、Yに対し、「団体交渉のルールつくり等」を議題と

する団体交渉を申し入れたところ、Yが、組合の組合員である加盟者は独立した事業主でありYとの間で労使関係がないと認識しているなどとして上記各申し入れに応じなかったこと（以下、「本件団交拒否」といいます）が、労働組合法7条2号の不当労働行為に該当するとして、Xは岡山県労働委員会に救済申立てを行いました。

　岡山地労委が加盟者は労組法上の労働者に該当すると判断したうえで、本件団交拒否は労組法7条2号の不当労働行為に該当すると判断して、Xに対して「団体交渉のルールつくり等」を議題とする団体交渉応諾及び文書交付を命じる旨決定し、Yが再審査を申し立てた事件です。

Q2　何が争点となったのでしょうか

　加盟者はYとの関係で労組法上の労働者に該当するか、YがXによる団交申し入れに対し、加盟者が労組法上の労働者でないとしてこれに応じなかったことは、正当な理由のない団交拒否の不当労働行為に該当するかです。

Q3　命令の具体的な内容はどうだったのですか

　加盟者は労組法上の労働者に該当しないとして、初審命令を取り消してXの救済申し立てを棄却しました。

　労組法上の労働者については、「労組法の適用を受ける労働者は、労働契約法や労働基準法上の労働契約によって労務を供給するもののみならず、労働契約に類する契約によって労務を供給し収入を得る者で、労働契約下にある者と同様に使用者との交渉上の対等性を確保するために労組法の保護を及ぼすことが必要かつ適切と認められるものを含む、と解するのが相当である」としました。

　その判断枠組みについては、①相手方の事業活動に不可欠な労働力として恒常的に労務供給を行うなど、相手方の事業組織に組み入れられているといえるか、②当該労務供給契約の全部または重要部分が相手方に一方的・定型的に決定されているといえるか、③当該労務供給者への報酬が当該労務供給に対する対価ないし同対価に類似するものとみることができるか、という判断枠組みに照らして団体交渉の保護を及ぼすべき必要性と適切性が認められる場合に労組法上の労働者に当たるとみるべきであるとしました。さらに、「事業組織への組

入れ」の判断に関して、補充的に、（a）個別の業務の依頼に応ずべき関係にあるか、（b）労務供給の日時・場所について拘束を受け、労務供給の態様についても、指示ないし広い意味での指揮監督に従って業務に従事しているか、（c）相手方に対して専属的に労務を供給しているかといった要素も考慮されているとしました。

　一方で、当該労務供給者が、「自己の独立した経営判断でその業務を差配すること等により利得する機会を恒常的に有するなど、事業者性が顕著である場合には、労組法上の労働者性は否定されることになる」としました。

　そのうえで、本件フランチャイズ契約の規定だけをみれば、「Yと加盟者の関係は、フランチャイズ・システムの提供事業者と、それを利用して店舗を経営する小売事業者との関係に過ぎないのであって、加盟者がYに対して労務を供給する関係にあるとはいえない」としました。

　しかし、本件フランチャイズ契約の内容がYによって一方的・定型的に定められたもので、加盟者が個別交渉する余地はないこと、加盟者が加盟店の経営に当たりYの助言・指導を受けており、多くの場合、自らの店舗において相当時間稼働していること、加盟店はYを本部とするチェーンストアの一店舗となっているようにみえること、会社はフランチャイズ・チェーンの本部として独自の経営戦略に基づく出店計画や商品開発などの事業活動を行い、自らの収益を拡大するために加盟店の活動を利用する側面があることを認めて、Yと加盟者の関係について労務供給関係と評価できる実態があるかという点も含めて検討することが必要であるとしました。

　そのうえで、本件における加盟者の事業者としての独立性について、費用負担や損益の帰属、資金の調達・管理、従業員の募集・採用及び労働条件の決定等、販売商品の仕入れ等、店舗の立地の選択について、本件フランチャイズ契約に基づく運営の実態を踏まえて「加盟者の店舗経営による利益や損失は加盟者自身に帰属しており、加盟者は店舗経営にかかる費用を負担し、資金調達、従業員の採用・配置及び労働条件、店舗の立地等について自ら決定している」、他方、「店舗の営業日・営業時間については、加盟者が自由に選択することはできないし、資金の管理や推奨商品の仕入れ価格等に関して一定の制約が課せられていて、その点では、通常の小売事業者よりも裁量の幅が制限されている」

と認めました。しかし、これらの制約をもってしても加盟者は独立した小売事業者としての性格を失っているとはいえないと認めました。

　結局、本件フランチャイズ契約に基づいて加盟者が受ける制約については事業者間の問題として、Yと加盟者との間の交渉力の格差等による問題についても労組法上の労働者として団体交渉によって解決すべきものではないと認めました。

$Q4$　命令が与える影響はどうでしょうか

　労働契約以外の契約で労務供給に類する働き方をする事例が増える中で、交渉力の異なる企業と個人との関係を、労組法上の保護の対象とするかはこれからの重要な課題です。フランチャイズ契約の場合は、特に事業者性の判断が結論に影響するものと考えられます。

命令要旨

　「なお、本件における加盟者は、労組法上による保護を受けられる労働者には当たらないが、上記のとおり会社との交渉力格差が存在することは否定できないことに鑑みると、同格差に基づいて生じる問題については、労組法上の団体交渉という法的な位置付けを持たないものであっても、適切な問題解決の仕組みの構築やそれに向けた当事者の取り組み、とりわけ、会社側における配慮が望まれることを付言する。」

品川労基署長事件

—————————————————— 令元・8・19　東京地判

心理的負荷となる事情は時間外労働は「弱」、パワハラは「中」であるとし業務起因性を否定

　抑うつ状態・適応障害を発症して休職していた原告が、休職期間満了により退職となったことから、在職中にサービス残業等を強要されたり、パワハラを受けたことが発症原因であるとして労災申請を行ったが、不支給処分となり、審査請求も棄却されたため、処分の取消しを求めた事件。判決は、発症と業務との因果関係について厚労省通達「精神障害認定基準」を参考とし、発病に至るまでの具体的事情を総合的に判断し、時間外労働による心理的負荷の強度は認定基準にいう「弱」、パワハラについては「中」に該当するが、「強」である具体的出来事の存在は認められないとして、不支給処分は適法としました。

◇□。。◇□。。◇□。。◇□。。

Q1　どんな事件ですか

　防音装置等の設計及び施工等を営む訴外会社に勤務していたＸ（原告）は、平成25年10月以降、抑うつ状態・適応障害（以下、「本件疾病」といいます）を発症して休務し、同26年7月31日に休職期間満了により退職となりました。Ｘは、本件疾病が在職中に上司からサービス残業や独占禁止法違反等の違法行為

を強要されたり、パワーハラスメントを受けたりしたことが原因であり、労働
災害に当たるとして2回にわたり休業補償を求める労災申請を行いました。い
ずれの申請も労基署が休業補償給付を支給しない旨の各処分（以下、「本件不支
給処分」といいます）をし、さらに審査請求についても棄却の決定がなされた
ため、国に対して本件各処分の取消しを求めた事件です。

$Q2$　何が争点となったのでしょうか

　本件疾病の発病について業務起因性が認められるかどうかです。国は、業務
起因性が肯定されるためには、当該業務と当該疾病との間に条件関係だけでな
く、法的に見て労災補償を認めるのを相当とする関係、すなわち相当因果関係
が存在することが必要であり、精神障害の発病と業務との間の相当因果関係が
認められるためには、①当該業務による負荷が、平均的な労働者、すなわち日
常業務を支障なく遂行できる労働者にとって業務によるストレスが客観的に精
神障害を発病させるに足りる程度の負荷であることが認められること（危険性
の要件）、及び②当該業務による負荷が、その他の業務外の要因に比して相対的
に有力な原因となって当該精神障害を発病させたと認められること（現実化の
要件）の2つの要件が必要であると解すべきであり、厚生労働省労働基準局長
通達（平成23年12月26日付厚生労働省基発1226第1号）添付の「心理的負荷に
よる精神障害の認定基準」（以下、「精神障害認定基準」といいます）に依拠し
て業務起因性の判断を行うのが最も適切であると主張しました。Xは国の主張
する判断枠組みには異論がないとし、Xが上司からサービス残業を強要された
ことがあること、長時間の時間外労働が存在したこと、訴外会社が同業他社と
カルテルを行っており、Xが営業担当者として独占禁止法違反に加担すること
を強要されたことがあること、上司から長時間にわたって「ふざけんな！手
前！」、「あほ」等大声で罵声を浴びせられ、ときには殴る蹴るの暴行を加えら
れたことがあると主張して心理的負荷の強度は「強」に当たり、業務起因性が
認定されるべきであると主張しました。

$Q3$　判決の具体的な内容はどうだったのですか

　Xの請求は棄却されました。判決においても「業務と精神障害の発病との間

の相当因果関係の有無の判断に当たっては、精神障害認定基準を参考としなが
ら、精神障害の発病に至るまでの具体的事情を総合的に斟酌して、判断するこ
とが相当である」とされました。Xが主張した具体的な心理的負荷となる事情
については、時間外労働については、発病前おおむね6ヵ月間におけるXの時
間外労働時間数が月19時間弱から25時間弱であったことから、これによる心理
的負荷の強度は、精神障害認定基準にいう「弱」に当たるとしました。また、
Xが主張するカルテルの存在を認めることはできず、Xが「業務に関し、違法
行為を強要された」と認めることはできないとしました。

　パワーハラスメントの主張について、上司の暴力については、入社して間も
ないころにXが顧客や上司から依頼された事項を失念していた際に課長が5、
6回頭を軽くはたいたことがあったことは認められましたが、Xが主張した殴
る蹴るの暴行があったとは認められませんでした。暴言については、上司がX
に対して、時おり厳しい口調で指導していたことが認められました。一方、X
がミスを繰り返していたことや周囲から静かにするよう注意されるほど大声で
発言していたことなどが認められ、「Xと上司のやり取りにおいても、Xが同じ
ミスを繰り返したり、お互いにヒートアップしたりすることにより、上司の指
導の声が大きくなったり、口調が厳しいものになったりしたことがうかがわれ
るが、上司が、Xに対し、指導の必要がないにもかかわらず、単なる嫌がらせ
等の目的で暴言を述べたり、何らの理由もなく、指導の声が大きくなったり、
口調が厳しくなったりしたなどと認めることはできない」と判断しました。こ
れらの事実から精神障害認定基準にいう「中」に該当する「上司から、業務指
導の範囲内である強い指導・叱責を受けた」または「業務を巡る方針等におい
て、周囲からも客観的に認識されるような対立が上司との間に生じた」ものと
して「上司とのトラブルがあった」ということができるとしました。結論とし
て、「Xには、本件疾病の発病前おおむね6か月の間に（また、同期間に限らな
いとしても）、当該出来事による心理的負荷の強度が精神障害認定基準に言う
『強』であるということができる『具体的出来事』の存在を認めることができ
ず」、「これらによる心理的負荷を総合評価しても、その強度が精神障害認定基
準にいう『強』であるということができない」として業務起因性を認めず、本
件各処分はいずれも適法であるとしました。

$Q4$　判決が与える影響はどうでしょうか

　労災認定に関する不支給決定を争う裁判においても、精神障害認定基準を判断基準として用いて、具体的な事実認定をもとに業務起因性が判断されることが認められました。パワーハラスメントに関しては上司の言動が指導の範囲と認められるかにより、心理的負荷の判断が行われることになります。

判決要旨

　「精神障害認定基準は、（中略）行政機関内部の通達ではあるものの、その作成の経緯や内容に照らせば、相応の合理性を有するものというべきであり、労災保険制度が根拠とする危険責任の法理にかなうものである。したがって、業務と精神障害の発病との間の相当因果関係の有無の検討に当たっては、精神障害認定基準を参考としながら、精神障害の発病に至るまでの具体的事情を総合的に斟酌して、判断することが相当である。」

巻末資料

【事件名順】掲載判例一覧

主な法令名一覧

本文に出てくる法令名	正式な法令の名称
▶ 育児・介護休業法／育児介護休業法／育介法	育児休業、介護休業等育児又は家族介護を行う労働者の福祉に関する法律
▶ 憲法	日本国憲法
▶ 高年齢者等の雇用の安定等に関する法律／高年法	高年齢者等の雇用の安定等に関する法律
▶ 個人情報保護法	個人情報の保護に関する法律
▶ 個別労働紛争解決促進法	個別労働関係紛争の解決の促進に関する法律
▶ 自動車損害賠償保障法／自賠法	自動車損害賠償保障法
▶ 商法等改正法	商法等の一部を改正する法律
▶ 障害者雇用促進法	障害者の雇用の促進等に関する法律
▶ 障害者差別解消法	障害を理由とする差別の解消の推進に関する法律
▶ 男女雇用機会均等法／均等法	雇用の分野における男女の均等な機会及び待遇の確保等に関する法律
▶ 賃金の支払い確保等に関する法律／賃確法	賃金の支払の確保等に関する法律
▶ 独占禁止法	私的独占の禁止及び公正取引の確保に関する法律
▶ パートタイム労働法／パート・有期法	短時間労働者及び有期雇用労働者の雇用管理の改善等に関する法律
▶ 民法	民法
▶ 郵政民営化法	郵政民営化法
▶ 労災保険法	労働者災害補償保険法
▶ 労働基準法／労基法	労働基準法
▶ 労働組合法／労組法	労働組合法
▶ 労働契約法／労契法	労働契約法
▶ 労働契約承継法／承継法	会社分割に伴う労働契約の承継等に関する法律
▶ 労働者派遣法／派遣法	労働者派遣事業の適正な運営の確保及び派遣労働者の保護等に関する法律

主な略称一覧

本文に出てくる略称	同・正式名称
▶ 宇都宮地判	宇都宮地方裁判所判決
▶ 大分地判	大分地方裁判所判決
▶ 大阪高判	大阪高等裁判所判決
▶ 大阪地判	大阪地方裁判所判決
▶ 岡山地判	岡山地方裁判所判決
▶ 京都地判	京都地方裁判所判決
▶ 神戸地判	神戸地方裁判所判決
▶ 神戸地尼崎支決	神戸地方裁判所尼崎支部決定
▶ 最一小判	最高裁判所第一小法廷判決
▶ 最二小判	最高裁判所第二小法廷判決
▶ 最三小判	最高裁判所第三小法廷判決
▶ 札幌地判	札幌地方裁判所判決
▶ 仙台高判	仙台高等裁判所判決
▶ 仙台地判	仙台地方裁判所判決
▶ 中労委命令	中央労働委員会命令
▶ 東京高判	東京高等裁判所判決
▶ 東京地判	東京地方裁判所判決
▶ 東京地立川支判	東京地方裁判所立川支部判決
▶ 広島地福山支判	広島地方裁判所福山支部判決
▶ 福岡高判	福岡高等裁判所判決

〔著者紹介〕

木下 潮音（きのした・しおね）

弁護士（第一芙蓉法律事務所）
1982年：早稲田大学法学部卒業、同年司法試験合格
1985年：弁護士登録（第一東京弁護士会）、橋本合同法律事務所入所
1986年：第一芙蓉法律事務所設立に参加
1992年：イリノイ大学カレッジオブロー修士課程修了（LLM）

第一東京弁護士会副会長、東京大学法科大学院客員教授を経て、現在、東京工業大学副学長、日本労働法学会理事、過労死等防止対策推進協議会委員、経営法曹会議常任幹事、第一東京弁護士会労働法制委員会副委員長。
著書に『多様化する労働契約における人事評価の法律実務』（共著・労働開発研究会刊）他。

本書に収録した判例解説は、月刊『人事労務実務のQ＆A』（日本労務研究会発行）にて10年にわたり好評連載中です。

Q＆Aで読む　実務に役立つ最新労働判例集

令和3年5月31日　初版発行

編　者　木下　潮音

発行人　藤澤　直明

発行所　一般社団法人 日本労務研究会
　　　　〒170-0004 東京都豊島区北大塚2-9-7
　　　　TEL：03-5907-6100
　　　　FAX：03-3949-6700
　　　　http://www.nichiroken.or.jp/

ISBN978-4-88968-125-3　C3032　￥2800E
落丁・乱丁はお取り替え致します。